福田 健
話し方研究所 会長

“大人の気づかい”ができる人の話し方

三笠書房

はじめに

「気のきいた一言」が言える人は、ここを押さえている！

〝大人の気づかい〟ができる、できないの境目は、わずかなものにすぎない。しかし、そのわずかな違いが相手におよぼす影響は大きい。

その影響は自分にも返ってくるから、**〝大人の気づかい〟**のある**「気のきいた話し方」**ができる人とそうでない人とでは、まわりの評価が大きく違ってしまうのである。

気のきいた一言をタイミングよく発する人とそうでない人とでは、どこが違うのだろうか。

第一は、**相手への関心の向け方**にある。大人の気づかいができる人の話し方は、相手やまわりに関心を向けている。それができない人は、自分にこだわり、自分がどう思われるかを気にしすぎて、その結果、気まずい一言を発してしまう。

人間は誰だって、まず、自分に関心がいく。当然のことながら、自分が一番かわいいのだ。同じことは相手にも言えるわけだから、視点をちょっとだけ変えて、相手を思いやってみよう。それだけで、まわりの状況に目を向けることが可能になるのである。

そして、「いま」「ここで」何を言えばいいかを考える習慣をつけるようにすれば、やがて、〝大人の気づかい〟のある「気のきいた一言」が自然に出てくるようになる。

第二に、**気のきいた一言は、「さりげなく」発するから価値がある**。つまり、気のきいた話し方ができる人は、相手を主役にして、自分は脇役に回るのである。

何とかして目立ってやろう、と自分を主役に押し出す人の一言には、さりげなさが欠けている。相手を立て、自分は脇役に回ることで、押しつけがましくない、人を引きつける話し方ができるのだ。

以上の二点を踏まえながら、〝大人の気づかい〟ができる人の「気のきいた話し方」の事例を収集し、分析して書き上げたのが本書である。

気のきいた一言は、人の心を一瞬にして、**「温かく」「さわやかに」「楽しく」**してくれる、貴重な一言になる。

「大人」と言われる人は、年齢だけで判断されるのではない。

とはいえ、人間、三十代、四十代ともなると、大人の社会人としての振る舞いが求められる。すなわち、自分のことだけでなく、相手を思いやる態度、話し方が必要とされる。

本書に引用されている多くの事例から、大人としての話し方を味わって、何がポイントか、どうすればいいのかをくみ取り、参考にしていただければ、これほどうれしいことはない。

福田 健

もくじ

はじめに——「気のきいた一言」が言える人は、ここを押さえている！　1

1章

「この人と、また話したい！」——好感を持たれる人の会話術

1　思わず顔がほころぶ「声」のかけ方　12
2　話のネタは「相手の長所」から探そう　15
3　あいさつのあとの「二言目」で、好感度をアップ！　18
4　知らず知らずのうちに話を盛り上げるテクニック　21
5　この「たった一言」を言わなかったために……　24
6　「ほめ上手」「ほめられ上手」な人の会話術　28
7　相手との意見の違いに興味を示そう　31

8 「できません」という言い方を簡単にしてはいけない 34
9 「それ、知ってる」——何があっても言ってはいけない一言 37
10 「言いにくいこと」は、言ったほうがかえって信頼される！ 40
11 緊張した空気を和らげる「本音」の効果 45
12 人はみな、相手の「失敗談」に関心がある!? 48
13 〝口が悪いのに、なぜか好かれる人〟の話術 52
14 なぜ、人は「相談話」にグラッとくるのか？ 56
15 「プレッシャー」をほぐす、何気ないこの一言 60
16 これだけで印象が変わる「返事」のしかた 63

2章

気がきく人、きかない人
——ここで差が出る「とっさの受け答え」

17 気のきいた質問、気のきかない質問 68

18 「緊張状態」を一気にほぐす三つの切り札 73
19 女性心理を一言で表現した、見事な「言い訳」 76
20 愚痴を言う人、言わない人――相手への印象はこれだけ違う 80
21 「相手への不満」は、その場で言わないと取り返しがつかなくなる！ 83
22 名前が出てこない――相手を傷つけずにさりげなく尋ねる法 87
23 「自分の人脈を紹介できる人」ほど信頼される！ 90
24 相手が「また会いたい！」と思う「さよなら」の伝え方 93

3章

説得・説明・質問……相手が思わず乗ってくる「話し方」

25 「聞く気」にさせる話し方、ここがポイント 98
26 文句もユーモアも、ものは言いようである 102
27 上手に説明して相手を〝その気〟にさせる説得術 106

28 必ず「わかりやすい言葉」でスタートしよう 108
29 自分の意見に「キャッチコピー」をつけてみよう 113
30 会話の上手な人は、〝相手が聞きたいこと〟だけを伝える 116
31 頼まれても悪い気がしない、こんな話の持っていき方 119
32 相手に気づかせて、その気にさせる話し方 123
33 人の心を動かすには、〝しゃべるより、聞く〟ことに徹する！ 127
34 「何を食べたい？」――何気ない会話から本心を知る法 132
35 「こうすればできる」――具体的な一言がやる気を引き出す！ 136
36 話を印象づける「たとえ話」のテクニック 140
37 ちょっとした「言い方一つ」で、説得力は二倍、三倍に！ 145
38 言うことを聞かない相手に効く、さりげない「脅し文句」 148
39 説得の苦労を台なしにする、この一言 151
40 相手が「グッとくる言葉」三つの条件 155

4章

「ユーモアのある話し方」ができる人・できない人の共通点

41 誰もが思わず笑ってしまう「無意識の行動」 160
42 ユーモアにあふれた人の人間的魅力 163
43 とっさに出る、こんな気のきいたジョーク、言えますか？ 166
44 「ほのぼのとした笑い」はどこから生まれる？ 170
45 「言い間違い」をしても人の心を和らげる場合とは？ 174
46 こんな「ユーモアのある叱り方」ができますか？ 177
47 「イヤミ」に対抗できるのはユーモアだけ 180
48 気まずさを吹き飛ばす一言のユーモア 183
49 スピーチに生かす、こんな「気のきいた一言」 186

5章

《実例集》「言いにくいこと」を上手に伝える、頭のいい〝言い方〟

50 〈実例①〉必ず言い訳が返ってくるとき 190
51 〈実例②〉「答えにくいこと」を質問されたとき 193
52 〈実例③〉相手の話が長くなりそうなとき 196
53 〈実例④〉同じ話を何度もされたとき 200
54 〈実例⑤〉常習的な「遅刻」をやめさせたいとき 203
55 〈実例⑥〉並んでいるところに割り込まれたとき 206
56 〈実例⑦〉上司・先輩の誘いを断りたいとき 209
57 〈実例⑧〉貸したお金を返してもらいたいとき 213
58 〈実例⑨〉相手が「頼みごと」をなかなかやってくれないとき 217
59 〈実例⑩〉嫌いな相手と毎日顔を合わせなければならないとき 221

60 〈実例⑪〉「プライドが高い人」を叱るとき 225
61 〈実例⑫〉上司に身に覚えのないことで叱られたとき 228
62 〈実例⑬〉自分のミスで相手に迷惑をかけたとき 232
63 〈実例⑭〉落ち込んだ相手をなぐさめたいとき 235

1章

「この人と、また話したい！」

──好感を持たれる人の会話術

1

思わず顔がほころぶ「声」のかけ方

もっともっと、話しかけよう。

声をかけよう。

進んであいさつしよう。


確かにそうだが、**声のかけ方には、うまい・下手がある。**すなわち、「タイミング」の良し悪しである。


会話には相手がいる。

声をかけるにしても、相手の状態やまわりの状況を考えることが必要だ。

声をかけさえすれば相手が応じてくると思ったり、応じてこない相手に腹を立てたりするより、タイミングのいい声のかけ方を工夫したほうが、自分も相手も気分よくなれる。

出先から戻って、席につく。「やれやれ」と一息つく間《ま》もなく、

「いま、よろしいですか?」

と声をかけてくる部下がいる。よろしいか、よろしくないか、見ればわかることである。

自分の都合だけを優先させて声をかけると、こんな間の悪い結果になる。

声をかけるとき、一瞬、相手の様子を見る。状態を考える。それができるか、できないかの違いにすぎない。同時に、

「いつがいいいか」

と考えるのはいいが、考えすぎて声をかけるタイミングを逃してしまうのでは困りものである。

〝タイミングよし〟となったら、いつでも声をかける思いきりのよさがほしい。

自社のパソコンのメンテナンスをしているSさんから、こんな話を聞いた。

「営業部のA君とCさん。この二人から『いま、いいかな』『ちょっとお願いなんだけど』などと頼まれると、忙しくても『いいですよ』と、笑顔で応じてしまうんです。それは私がトラブってイライラしているときとか、一息ついてほっとしているときなんかに、さりげなく『大変そうだね』『なんかいいことあったのかな』なんて声をかけてくれるからなんです。思わずうれしくなって、顔がほころんで。だから、二人に頼まれると、万事ＯＫなんです」


A君とCさん、いつでもさりげなく声をかける習慣が身についているから、タイミングよくできるのだろう。

声のかけ方にも、気がきく、きかないの差が表れるのだ。

2

話のネタは「相手の長所」から探そう

誰でも、ほめられればうれしい。すなわち、ほめれば人は喜ぶ。にもかかわらず、会話にほめ言葉が少ないのはなぜだろう。

結論から言うと、日本人はほめることが下手なのだ。なぜ下手なのか。それは、ほめることが少ないからだ。

これでは、まさに「いたちごっこ」。この悪循環を断ち切るには、会話でほめ言葉をどんどん使ってみることだ。

その気になって探せば、相手のいいところは見つかるものである。

相手の欠点ではなく、長所に注目するようにすれば、

●態度が丁寧である

●声が素敵だ
●ネクタイのセンスがよい

などのプラス面に気がつく。これらをほめ言葉にして、会話をはじめる。

●「こんなに丁寧に接していただいて、感激です」
●「素敵な声ですね。仕事柄、声には興味があるんです」
●「部長、そのネクタイ、とってもお似合いですよ」

態度は丁寧だが、無表情でとっつきにくい女性がいるとしよう。後者の面にこだわっていると、最初から会話は弾まない。ほめ言葉から入ると、相手の心も動いて、「お辞儀は、いつも丁寧にするようにしているんです」と会話が進む。

声は素敵だが、態度が横柄で感じの悪い男性が相手だったらどうするか。「なんだか横柄な人だな」とマイナス面に反応していては、大人の会話は期待できない。

まず、ほめる。そうすれば、生意気な彼も、ほめ言葉に気をよくして、

「あなたもいい声ですね」

と会話に乗ってくる。

ネクタイのセンスはよいが、格好をつけて気取っているイヤな部長。

ここでも、目ざとくネクタイに気づいて、ほめ言葉を発する。

「いや、大したネクタイじゃないよ。ただ、ネクタイだけは自分で選んでるんだ」

「へぇ、部長、おしゃれなんですねぇ」

部下にこんな言葉をかけられたら、部長も悪い気はしないだろう。

「素敵だね」「美人ですね」だけでは、相手は喜ぶどころか、とまどってしまう。うれしくもない。だから、会話も進まない。

何が、どう素敵なのか。どんなふうに美人なのか。具体的な内容を伴った一言が、相手を喜ばせ、会話に弾みをつける。**「何が」「どう」いいか、具体的にほめる**のがコツである。

3

あいさつのあとの「二言目」で、好感度をアップ！

決まり文句は便利な言葉である。

病院の看護師が、退院する患者に、

「どうもありがとうございました。またどうぞおいでください」

と言ったら患者は変な顔をするだろうし、怒る人もいるかもしれない。ここは、

「よかったですね。お元気でどうぞ」

と言うのが一般的だ。通院している患者なら、

「お大事にどうぞ」

と決まり文句を使えば、うまく収まる。決まり文句は便利だが、型にはまった印象があり、味気ない。もう一言加えてはどうだろうか。

「今日はまた、ずいぶんさわやかなお顔をなさっていますね」

こう言われただけで、相手もうれしくなって、

「そうですか。言われてみると、熱も下がったのか、気分がいいですよ」

と返してくるかもしれない。決まり文句の単調さから一歩抜け出ることができる。


あいさつに使われる言葉は、大半が決まり文句である。

「おはよう」「こんにちは」「こんばんは」「行ってきます」「ただいま」「お帰り」「失礼します」「さようなら」「ありがとう」「すみません」「ごめんなさい」……などなど。

決まり文句のあいさつを会話につなげるには、**あいさつに添える「プラスの一言」が大事な役目を果たしてくれる**。


Bさんは、口が重いのを気にしている。

たとえば、朝、駅から会社に向かう途中、上司と一緒になる。

「おはようございます」

「おはよう」

このあとが続かないために、上司の姿を見かけると、わざとゆっくり歩いて避けて

しまうこともあるという。

あいさつのあと、プラスの一言が浮かんでこないのは、何か言わなければと、自分にこだわるからである。相手について考えてみる。すると、昨日帰りがけに上司が、

「中学生の息子がスマートフォンを買ってくれって言うんだ。ダメだって言っといたけどね」

と、困った顔をして話している姿が浮かんできた。そこで、プラスの一言を口にしてみると、相手も会話に応じやすくなる。

「昨日言われていた息子さんのスマートフォン、結局どうなったのですか？」

「妻がスマートフォンにはまってるんだから、こっちは不利だよな」

相手に関心を向けると、プラスの一言は浮かんでくるものだ。

また、上司が部下にあいさつされた場合、「おはよう」の返事だけを返すのではなく、たとえば、

「昨日の帰り、雨にあわなかったか？」

と一言加えられるといい。お互いの距離が縮まるだろう。

4 知らず知らずのうちに話を盛り上げるテクニック

頭がよくて仕事ができるのに、なぜか人に好かれない人間がいる。

彼が会話に加わると、いつのまにか話を独り占めしてしまう。頭がいいから、すぐに先が読め、問題の核心をつかんでしまうので、ああでもない、こうでもないと言っている人たちの話をさえぎって、

「そうじゃないんだ、問題の本質はそういうことじゃなくて」

と自分の見解を話しはじめる。

正論であり、また見方がユニークでもあるから、反論できる者は少ない。

彼が加わると、つねに一座の主人公になってしまう。ほかの者だって、自分の話をしたいし、会話の中で、ちょっとの間ぐらい主人公気分を味わいたいのだが、彼が入ってくると、主人公はいつも彼。

そんなわけで、みんな面白くなくて、内心では彼を歓迎しないのである。一方で、

「私は、頭もいいほうじゃないし、仕事も大したことないし」

と事あるごとに、こんな言葉を口にする人もいる。このタイプの人は、

「私なんか、とてもとても」

と遜《へりくだ》ってみせるが、内心では、意外にプライドが高い。

最初からペラペラしゃべったりしないのはいいのだが、自分から本心を見せないので、相手も警戒して、会話が弾まない。窮屈なため、このタイプも好かれないだろう。

では、人に好かれるようになるにはどうするか。それにはまず「聞き上手」になることである。

聞き上手とは、自分のこともしゃべるが、相手の話にも熱心に耳を傾ける人である。

第一に、話しながら気配を察して、

「そうそう、きみ、それにくわしいんだってね、話してよ」

「ところで、夏祭りっていえば、きみは徳島出身じゃないか。阿波踊《あわおど》りのときは帰るのかい?」

などと**相手に話を振り、聞き役に回るのがうまい**。

話の流れが自然に相手に向くように持っていくので、無理がない。自分の話をしながら、相手の話を聞く機会をうかがっているのである。これは、相手の話に興味があるからできること。

第二に、相手がしゃべりやすいように聞く。

聞き役に回るといっても、

「さあ、聞くから話してごらん」

では、話し手は身構えてしまう。半分何かしながら、耳だけそちらに向けているくらいのほうが、相手は話しやすい場合もある。

普段あまり話さない子供が、キッチンの母親に「お母さん」と話しかける。

子供は、あらたまった感じで話したくないから、忙しそうにしている母親の背中に話しかけたのであろう。だから、母親も手を休めずに、「なあに?」と、耳だけ向ければいいのだ。

気がきく人は、いかにもでなく〝さりげなく〟話を聞くことができる人である。

5

この「たった一言」を言わなかったために……

一言、断りを言ってもらえると、うれしくなり、協力しようという気持ちにもなる。自分が大切に扱われているように感じられ、気分がいいからである。

それだけに、断りがないと、「一言、言ってくれればいいものを……」と悔しい思いをして、それに気づかない相手に腹が立ち、イライラしてくる。こういうことは誰もが経験している。それなのに、一言断りを入れるのを怠《おこた》ってしまうのは、いったいどうしてなのだろう。

人間は無視されることを何よりも嫌う。

事を無断で行なうという、事実への認識不足が原因ではなかろうか。とすれば、この事実を厳粛に受け止めるべきであろう。

うっかりであろうと、ついついであろうと、無視するという行為がどれだけ人を傷つけるか、具体例をあげて考えてみたい。

Aさんは仲間六人と小さな会社を立ち上げた。会社を軌道に乗せるためと、自分の収入を確保するために、東奔西走の日々だった。

そんなある日、九州に三日間出張して事務所に戻ってみると、デスクの配置が変わっていた。

「あれ？　オレの机、どこへ行ったのかな？」

「Aさんは出張が多いから、右手の奥にしました」

「しましたって、誰が決めたの？」

「私です。もちろん、社長にも話してあります」

彼は、Aさんより立場が下で、総務・経理を担当している。みんなが仕事をしやすいように机の配置を変えるのは彼の役目だから、机を動かしたこと自体はいい。

問題なのは、Aさんに一言の断りもなくやったことだ。

「なんで、オレに一言、言ってくれなかったの？」

「Ａさんは出張で留守でしたから」

「電話でもメールでも、してくれればいいじゃないか」

「たまたまうっかりしていたもので……」

彼は呑気《のんき》な性格なのかもしれない。でも、この瞬間、Ａさんは自分の存在はいったいなんなのだ、これが自分の働いている会社の姿なのか、という思いにとらわれて、むなしくなった。

Ａさんは、その場で机をもとの位置に戻させた。社長も、

「Ａさんの言う通りだ」

と同意した。

一年後、Ａさんは仲間と別れて自分の会社を設立した。Ａさんはこう言っていた。

「彼のような人はどこにもいるものだし、悪気はないんでしょうが、人の気持ちに対する配慮が欠けているんですね」


次に、Ｂさんの例を考えてみよう。

大手企業で社員研修を担当していたＢさんは、話し方研究所で講師の資格を取得し、

同時に結婚、一年後に出産した。

その後、彼女は会社を辞め、社員教育の企画・実施を請《う》け負《お》うオフィスを開設した。

彼女の場合、新たに仕事をはじめたことを自分のまわりの人々に知らせる義務はない。誰にも断らなくてもいい。

しかし、もし彼女に関わりを持った人たちが、何も知らされなければ面白くないはずだ。その結果、「好きにやればいい」「私には関係ない」と、協力を得られなくなることもありうる。

賢明な彼女は、前もって、世話になった人たちに一言、断りを入れ、協力をお願いした。こんなふうに事前に話をしてもらえれば、

「そういうことなら力を貸すよ」

と、まわりの人たちは喜んで、できる限りの協力をしようと思うだろう。

何かやろうとしたら、一言、断りを入れる。

もちろん、誰と誰に言うか、範囲はよく検討しなければならない。

人を無視すれば、自分も無視されることをお忘れなく。

6

「ほめ上手」「ほめられ上手」な人の会話術

前にも述べた通り、人はほめられればうれしい。これは人間の素直な気持ちだろう。

東京の新宿で、カルチャーセンターの話し方講座を担当したときのことである。講座が終わって新宿駅へ向かう道すがら、「先生」と、後方から声をかけられた。三十歳前後の女性で、受講者の一人だった。

「毎回、楽しく通わせていただいています」

「それはよかった」

「先生は、みんなをとても安心させてくださるんです」

「そうかなあ?」

「話し方の先生って、いかにもプロという感じで完璧にしゃべるんじゃないかしら、だったら厳しくてついていけないな、と心配していたんです。でも、先生は気さくにしゃべってくださるんで、安心しました」

説明はそんなに上手じゃないが、安心して学ばせてくれるところがいい、と彼女はほめてくれたようだ。実感のこもったほめ方に、私はうれしくなって、「ありがとうございます」と素直にお礼が言えた。


ほめられるとうれしいのに、素直に喜ばない「ほめられ下手」の人がいる。その原因はどこにあるのか。

第一は、警戒心が強いこと。ほめられても、「お世辞を言ったって、その手には乗らない」「あんたなんかに、何がわかるもんか」「人をバカにしてるんじゃないか？」とひねくれて、自分の殻に閉じこもってしまうのである。ほめ言葉を自分の長所発見のチャンスととらえれば、警戒ばかりしなくてすむはずなのだが。

第二に、ほめられると照れてしまうこと。照れ屋の部下は、上司にほめられると、

「そんなんじゃないんです」

「大したことありませんよ」

「ダメです、偶然にすぎません」

などと、あわてて打ち消しにかかる。中には、顔を真っ赤にして、

「そんなにほめないでください！」

と怒り出す者もいる。うれしかったらうれしいと率直に言うほうが、誠実な態度である。せっかくほめても、ほめられ下手では、相手はほめ甲斐がない。そのうち、

「ほめてもしかたがないか……」

と、ほめる人が少なくなる。

もっとほめられたいと望むなら、ほめられ上手になることだ。

あるとき、仕事先で紹介された女性をほめたことがあった。色が白く、目の澄《す》んだ人だった。

「きみは、色が白いんだね。それに、きれいな目をしているね」

すると彼女、ニッコリして、

「ありがとうございます。でも、私、**汚れやすいんです**」

と言った。私は、思わず吹き出してしまった。

ほめられ方が上手になれば、ほめる人はもっと増えるに違いない。

7

相手との意見の違いに興味を示そう

誰の話に対しても、

「そうですね」

「なるほどね」

「まったくね」

などと、あいづちを打って合わせてしまう人がいる。

なんでも賛成なのかもしれないが、自分の意見は言わないで、あいづちばかり打っていると、相手からは、ずるいと警戒されるか、頼りないと軽く見られる。

意見とは、自分自身そのものである。意見のない人、あっても言わない人は、「自分がない」のと同じなのだ。まず、自分の考えや意見を持つことが前提となる。

私たちは、相手と意見や価値観が同じだと、

「きみとは話がしやすい」

「お互いうまくいっている」

などと歓迎する傾向が強い。

意見や価値観が違うと、

「話が合わない」

「やりにくい」

などと敬遠する向きもある。知らず知らずのうちに、相手に「同じ」を求めてしまい、違う意見に対しては、

「そんな考え方はおかしい」

と否定して、理解を示そうとしない。

異質なものと触れ合ってこそ、新しい気づきも生まれる。相手から「私はそうは思わない」と違う考えを持ち出されると、確かに一瞬、緊張する。「生意気なやつだ」「うるさい人だ」などと片づけてしまいたくなる。

ここで、大切なことが二つある。

第一に、自分と違う考えや価値観を理解しようと努めること。

「どうしてそう思うのか、もう少し話してくれませんか？」

と、相手の話に耳を傾けるのだ。

第二は、自分の意見を述べたり主張したりするのはいいが、それを相手に強要してはならない。

「映画を先に観て、あとから原作を読むのがぼくのやり方」

と、あなた。

「私は、最初に原作を読んで、それから映画を観る。そのほうが楽しいわ」

と、彼女。それぞれに言い分があり、理由がある。それらを交換し合うことで、自分の考えの幅も広くなる。

意見は「異見」。だから話し合うのだ。いい関係とは、違いを上手に扱える間柄。

まず、違う考えに理解を示すこと。さらに、「それは面白い」と、相手との違いに興味を示せば、相手もあなたの話に耳を傾けるようになって、お互い会話が弾む。

8

「できません」という言い方を簡単にしてはいけない

「できないものはできないんだから、できないと言うのが、なぜ悪いんですか?」

最初から、こんなふうに開き直らないでいただきたい。

第一に、「できないものはできない」では、できない理由が示されておらず、一方的な断りになっているからダメなのだ。

これなら、「イヤなものはイヤ」と言うほうが、いくらかましである。「イヤ」という感情には、理由がない場合もあるからだ。

第二に、簡単に「できない」と決めてほしくないのだ。

「きみ、ちょっと」

こう言われると、用件の中身も聞かないうちに、すぐさま「できません」と答える人がいる。こんな極端な人はまれだろうが、たとえば、口では「何でしょうか？」と言っても、はなから腰が引けている人。これでは最初から「できません」と言っているのと変わりがない。

頼みごとをする側には、負担をかけて悪いという思いがある。だから、頼みごとを切り出す一言は、

「すまないけど」

「悪いけど」

である。大人の気づかいができる人は、そこのところを感じ取るセンスを持ち合わせている。「無理を言って悪いな」と思いつつ用件を切り出している相手に、あっさり「できません」では、いかにも気のきかないもの言いになってしまう。

用件の中身が、やればできることなら、快く、

「ハイ、わかりました」

と引き受けよう。

難しいかな、できるかな、という内容のものでも、あっさり見切りをつけて、

「できません」

「あ、それ無理です」

などと言わないことだ。

「どうすればできるか」を考え、前向きの姿勢で話し合うことが大切だ。

あるとき、夕方の六時という約束だったのを、一時間早めて五時にしてもらえないか、とYさんにお願いの電話を入れたことがあった。

当日であるし、無理なことは承知していたのだが、Yさんの返答は、

「うーん」

と考え込んで、次に、

「極力、努力してみます」

だった。この答えに、私は「なるほど」と感心した。

まさに、ものは言いよう。「できない」を「できる」方向に近づける努力は、相手への誠意の表れでもあるのだ。

9

「それ、知ってる」——何があっても言ってはいけない一言

電車の中。
若い女性二人の会話。

A「この間、久しぶりに映画館で映画を観たの」
B「私も先週、映画を観に行ったよ」
A「○○っていう題なの。結構面白かったわ」
B「それ、観た観た。でも、つまらなかった」

Bさんのなんとも気のきかない受け答えのせいで、会話は途切れてしまった。
会話は、相手の気持ちを察することができないと、気のきかない、お互いに面白く

ない思いを味わって終わってしまう。

あなたは会話の最中に、「そんなこと知ってる、わかってる」と思うと、すぐに、「それ、知ってる」などと口を挟《はさ》んだりすることはないだろうか。

自分では思い当たらなくても、他人にこのセリフを発せられてイヤな思いをした経験なら、一度ならずあるのではないだろうか。

人間、自分の気のきかなさにはなかなか気づかないものであるが、他人のこととなると、

「何もそんな言い方をしなくてもよさそうなものを」

と、とても気になってしまうのだ。

「それ、知ってる」

と言われると、次からは何も言わないでおこうと思ってしまう。

クイズではないのだから、先を争って答える必要はないのだ。ここは話し手に譲って、**あいづちを打ちながら話を促すほうが、相手に好意を持たれ、楽しいひと時を過ごすことができる。**

職場での一コマ。資料を探していたCさんに、Dさんが、

「資料、パソコンの脇で見かけたよ」

と教えると、Cさんは、

「そうだよ、知ってるよ」

と答える。これも気のきかない一言だ。Dさんは、

「なんだ、せっかく教えてやったのに」

と思うだろう。


知らないだろうと、少し得意気に言っている相手の気持ちを察知すれば、知っていても、あえて知らない顔をして聞くようでありたい。そして、教えてくれたことに、

「ありがとう」

と言えるようなら、あなたは大人の気づかいができる人なのである。

10

「言いにくいこと」は、言ったほうがかえって信頼される！

「言いにくいこと」の一つに、自分の感情というものがある。

反対意見を述べたり、ＮＯを言ったりするのは、言いにくいことの一つである。

ここでのものの言い方のコツは、断定的な表現にならないようにすることである。


会社で使っているパソコンソフトの全面的な見直しをＡさんが提案した。Ｂさんは反対だ。会議の席上、Ｂさんがこんなふうに言ったらどうだろう。

「この厳しい時期にパソコンソフトを全面的に見直すことは、私は絶対反対です。それよりも、休眠中の顧客の掘り起こしをやって営業をかけるべきです。絶対そうすべきです」

発言の中に、「絶対」とか「そうすべき」といった強い表現が目立つ。これでは、相手を挑発しているのも同然。たちまち、「どうして絶対などと言えるのか」と、相手も食ってかかってこよう。

「絶対」という言葉を使っていい唯一の例外は、「絶対という言葉を絶対に使ってはならない」である。

断定しないで、さりげなく言うにはどうすればいいのか？

相手をこちらの意見にうまく誘導して言わせるとよい。


「ソフトの見直しの中には、休眠中の顧客のリストも含まれているんですか？」

「含まれていますよ。休眠中の顧客の見直しをするのは大切なことですから」

「私も同意見なんです。厳しい時期でもあり、まず、休眠顧客のリストの見直しからスタートするというのはどうですか？」

「そういうことでしたら、私のほうも別段、異存はありませんよ」

実際にはこれほど簡単には進まないだろうが、できるだけ相手に発言させて、その中から一致点を見出していくのである。そのためには、こちらに都合のいい情報が引き出せる質問を前もって用意しておくことだ。

「言いにくいこと」の二つ目に、相手の間違いを指摘することがあげられる。

では、**相手に恥をかかせずに間違いに気づかせる**には、どうすればいいか。


人間は、自分でいけないと承知していながら、他人から、

「困るじゃないか」

「何やってるんだ」

などと間違いを指摘されると、反発したくなる。

「こっちだって忙しいんだから、そこまでできない」

と、怒り出す。それがわかるから、相手の間違いを注意するのはしづらいものである。

間違ったほうも、自分に非があることはわかっているのである。であるのに、言われると、抵抗を感じるのは、指摘するほうの言い方にも原因がある。

期日までに仕事が、でき上がってこない。

イライラしているところへ、一時間も遅れて、やっとでき上がってきた。

「ずいぶんいい加減なんだな。一時間も遅れたら、こっちの予定が狂ってしまう。いったい、何やってたんだ。まったくあてにならない人だ、もう頼まない」

これでは言われたほうも、腹が立つ。

「そう言われたって、こっちだって、相当無理してなんとか仕上げたんですからね」

とはいえ、言いにくいからと、何も言わずに渋々受け取るのでは、言うべきことを言えない人間になってしまう。

相手だって悪いと思っている。その気持ちを察しながら、

「よかった、なんとか間に合った。これで、午後の会議はどうにか乗り切れる。ありがとう」

と、**まず、仕上げてくれたことへの礼を言う**。この一言で相手も応じやすくなり、会話が続く。

「遅れてすみません。もとになる資料がバラバラだったんで、手間取ってしまって」

「正直、午後の会議に間に合うかと、ハラハラしたよ」

「申し訳ありません」

「遅くなる場合は、事前にどれくらいで仕上がるか、見通しを知らせてほしいね」

いきなり否定・非難するのでなく、**肯定的な言い方から入れば、相手も素直に非を認められる**のである。**その上、あなたに感謝する**だろう。

●言いにくいことを言わないで我慢する人
●頭ごなしに言って相手を傷つける人
●感じよく言って信頼される人

いまのあなたは、どのタイプだろうか？

間違いの指摘は、ともすると相手への非難攻撃になりやすい。

「どうしてこんなミスをするんだ」

と責めるのではなく、

「ミスをしないために、どうすればいいんだろう」

と相手に問いかけ、考えさせる。あなたが上司なら、こんな言い方をしてみてほしい。

11

緊張した空気を和らげる「本音」の効果

講演を頼まれて、大勢の人たちの前で話す。

長年、プロとしてそれを仕事にしている私でも、熱心に聞いてもらえるかどうか、話を聞いて満足してもらえるかどうか、いつも不安である。

まずは、相手に耳を傾けてもらわなくてはならない。

だから、**思いきって、自分の本音を話してしまう**ことがある。

「こうしてみなさんの前で話していて、一番気になるのが、聞いてもらえているかどうかなんですね。顔をこっちへ向けていても、聞いているとは限りませんから」

……ここで、たいてい笑いが起こる。

笑いが起こった原因は、第一に、話し手が正直に本音を言ったため。

第二に、人の話はしっかり聞くのが建前なのに、顔だけ向けて聞いたふりをしている自分に思い当たるところがあるからである。

第二の場合も、「建前」に対する「本音」を指摘されておかしくなったのである。

たとえば、新人の前で、先輩として堂々と話をしなければいけない場合。でも、男女合わせて八十名もの新人たちの前に立つと、緊張してあがってしまう。では、どうするか。

こんなとき、あがっていること（本音）を隠して堅苦しい話になるよりも、

「緊張しています」

「先輩になってもあがるんですよね」

などと本音をそのまま出してしまうほうが、聞いているほうも楽になる。

建前とは、表向きの方針であり、「そうするのがいい」と取り決められていることである。

とはいえ、「そうできない」事情があったり、建前通りにはいかない現実もあることは、誰でも知っている。そこに、本音が生まれる。

だから、本音が飛び出すと、人々は共感し、笑いや親しみが生まれてくる。共感した人々は、話し手の話に納得する傾向が強い。

建前は、人が社会で生活する以上、なくてはならないものである。建前について個人が感じることが本音であり、本音のほうは、普段は裏に隠れている。

建前はいいことであるから、正当化されやすい。しかし、正当化しすぎると、本音が見えなくなる。あるいは、本音は悪いことであって、言ってはいけないことのように思えてしまう。

仕事、仕事でほとんど家にいない夫に対して、妻の本音は「放っておかれるのが面白くない」「一人でさみしい」なのだが、それを、「夫の健康のためを思って」という建前にすり替えて、

「週に一日は家にいてよ。あなたの体が心配だから言っているのよ」

としか言えないとする。これでは夫は、いつまでたっても妻のさみしさに気がつかないだろう。

本音は、サラッと言うのがいい。我慢したあとに言うと、重苦しくなる。

12 人はみな、相手の「失敗談」に関心がある!?

そのときは、死ぬほど恥ずかしい思いをした失敗も、何年かたってしまうと懐かしい思い出に昇華《しょうか》される。

自分でも「ウフフフ」と笑いが込み上げてきて、「もう、あんなバカなことはしない」「いや、もしかして、またやりかねないかな」などと振り返る失敗は、他人にしゃべってみると、意外な効果がある。

「自分の失敗談を話すなんて、相手にバカにされるだけでしょう?」

……もしあなたがそう思っているなら、それは間違いである。人は、失敗談を聞くことによって、親しみを覚えるのだ。

私の知り合いのIさんは、一メートル八十センチ近い長身で、その上、横幅もあり、人一倍大柄な男。

控えめに控えめにしているのか、普段は巨体を縮めるようにしているし、声も小さい。

ちょっとした話をするのにも、誰かに聞かれているんじゃないかと、まわりをうかがうクセがある。

思い込みが強く、他人の発言が気になってしょうがない面がある、と私に話してくれた。

つき合いが長いので、私は、彼がどんな人物かだいたいわかっているつもりだが、最初は気難しい人のように思っていたものだ。

それがある日、ふと、こんな失敗談を話してくれた。

「私は案外そそっかしいところがありましてね。よく失敗をするんですよ」

「へぇ、どんな失敗を？」

「いちいちは覚えてませんが、いまでもよく覚えているやつはですね……朝、出勤する電車の中でのことでした。まわりの人が、チラッチラッと私を見るんですね。何だろうなと気になってきて、ズボンのチャックでも開いてるのかと確かめたんですが、ちゃんと締まっているんです」

「で、何だったんですか？」

「どうも気になってしょうがないから、途中で降りて、ホームで立ち止まって見てみたんです。すると、背中にハンガーがぶら下がってるじゃないですか。コートを着てきたのはいいんですが、ハンガーをつけたまま着てきちゃったわけですよ」

しばらく私は笑いが止まらなかった。大きな男の背中にハンガーがぶら下がっている。しかも、本人はそれに気づいていない。いま思い出しても笑ってしまう。

Ｉさんにもこんな失敗があったのか。そう思うと、Ｉさんとの距離が急に縮まったようで、それ以来、楽しく会話ができるようになった。

失敗談が楽しいのは、人間、誰もが失敗するからだろう。自分も似たような失敗をした場合、**「私だけじゃないんだ、よかった」と安心する。**

普段厳しい上司が、ある日、

「実は、オレも、一度だけだけどね、お客さんとのアポイントの時間を間違えちゃってね。もう少しで取引停止になるところだったんだ」

などと失敗談をポロッともらす。

「え⁉　部長も失敗したことがあるんですか？」

「世の中に失敗したことのないやつなんて、いるわけないだろう」

部下は気が楽になって、上司にこれまで感じたことのない親近感を覚える。

部下がミスをしてクサっているのを見て、

「人間、そう変わるもんじゃないね。オレも……」

と、自分の失敗談を持ち出す上司。部下のところまで下りていく気配りがさりげなくていい。


ドイツの詩人ゲーテに、こんな言葉がある。

「人間の過《あやま》ちこそ、人間を本当に愛すべきものにする」

13

〝口が悪いのに、なぜか好かれる人〟の話術

いつも口が悪いのに、なぜかみんなに好かれている人がいる。それはなぜか。

思っていることを正直に表現するからである。

思ったことや感じたことを正直に口にするのは、意外に難しいものだ。どう思われるかが気になると、奥歯にものが挟まったような、よそよそしい言い方になる。

昼休み、ふと同僚を見ると、本を読んでいる。あなたが近づいて声をかけたとする。

「何読んでいるの？」

同僚が答える。

「本読んでるの」

「？」

この答えは、いったい何を意味するか。

「うるさいな。何読んでいたっていいじゃない！」と解釈できなくもない。もしかして、あなたは同僚に嫌われているのかもしれない。

ここで、思った通りに、

「私って、あなたに嫌われてるのかなぁ？」

と口にできるだろうか。

ある人がちゃんと口にしたところ、その後、次のように展開した。

「私って、あなたに嫌われてるのかなぁ？」

相手は驚いて、

「え、どうして？　嫌ってるわけないでしょう？」

「だったらいいけど」

「私、何か変なこと言ったかな」

「あなたがどんな本を読んでいるのか、興味あったから聞いたのよ。それなのに、答えが、『本読んでるの』だったんで、一瞬悩んじゃったわけ」

「そうだったの、ごめん」

思った通りに言えば、相手の心がつかめる。

どう思われるかを気にしすぎて胸の内に隠しておくと、お互いに理解できないままになって、むしろマイナスになる。

ところで、悪口を言う場合には、もう一つ条件が加わる。

それは、相手の許容範囲を心得ているかどうかである。

話す相手によって、「どこまでなら大丈夫」という範囲が異なる。 許容範囲を感知してものが言えるなら、言われた相手も、

「よく言うよ」

「まったくッ。怒るよ！」

と応じながら、ニコニコしていられる。

美人で仕事もできる女性がいた。その彼女が、デスクに向かって、何やら忙しそう

にしている。男性社員が近づいて、

「お、何してるんだ、忙しそうに」

「手紙を書いてるのよ」

「へぇ、恥かいてるの」

「うるさいわね。余計なおしゃべりしてる暇があるんなら、自分の仕事しなさいよ」

この彼女、字は決してうまくない。そこを面と向かって突く男性に、応戦はしても不快にならないのは、彼女の許容範囲内だからである。美人で達筆となると、つけ入る隙《すき》がない。だから、「字が下手」は彼女の許容範囲なのかもしれない。


許容範囲を超すと、状況は一変する。普段からそれとなく観察して、ギリギリの線をよく把握しておくことである。

憎まれ口も、上手に叩けば、会話が盛り上がる。

14

なぜ、人は「相談話」にグラッとくるのか？

相談のしかたには、人柄が表れる。

● 人に相談しない人
● なんでもすぐ相談したがる人
● 上手に相談して、成果が得られる人

なんでも自分で考え、自分でやってしまう人は、相談したがらない。プライドが邪魔して、相談できない人もいる。

反対に、ちょっと困るとすぐ相談したがる「相談の虫」みたいな人もいる。相談される側からすれば、うるさい虫、迷惑な虫でもあって、「少しはこっちのことも考えてよ」と言いたくなる。

一口に相談というが、その内容は多岐にわたる。相談相手の選び方も大切であり、相談の持ちかけ方にも工夫がいる。

相談上手の人は、それがよくわかっている人である。相談することの利点を知っていて、相談をうまく活用している。大人の気づかいのできる人でもある。

相談上手になるには、相手の心を知ることからはじめるべきである。相手の心は、

●相談されてうれしい場合
●相談されて負担を感じる場合

の二つに分けられる。

人間には、相談されるとうれしく感じる心理がある。「信頼されている」と思うからである。

先輩が後輩に、

「きみだったらどう思う？　意見を聞きたい」

などと意見を聞く形で相談を持ちかける。

親しい友人に電話をかけて、

「どうしても相談に乗ってほしいことがあるんだ。時間をつくってくれないか？」

と相談に乗ってくれるよう頼む。友人は、「まったく世話の焼けるやつだ」とつぶやきながらも、負担よりも張り合いのほうを強く感じる。

つき合いはじめて間もない女性が、相手の男性に、仕事がうまくいっていないので、ちょっと相談に乗ってほしいと持ちかける。

男性は、自分は頼りにされているのだと自信を持ち、うれしくなる。

いずれも、相談される側は悪い気はしておらず、熱心に聞いたり、意見を述べたりする。相談する側にしてみれば、話を聞いてもらえるだけで満足。加えて、有益なアドバイスを聞ければ、なおのこと申し分ない。

一方、相談を負担に感じる場合もある。

都合の悪いときに、暗い口調で「相談に乗ってほしいんですが……」と面倒な話を持ちかけられては、「いい加減にしてよ」となってしまう。

それに、なんでも相談したがるようでは、頼りない人間と見られてしまう。相手は「少しは自分で考えたらどうか」と思いたくもなり、結局、相談したことでその人の評価が下がることにもなる。

相談によって双方が満足できれば、お互いが成長する。これは重要なことである。嫌わず、頼りすぎず、上手に相談できる人を目指したい。

15

「プレッシャー」をほぐす、何気ないこの一言

この状況で、どんな一言を発するか。

発した一言が、気のきいたもの言いととられて状況が好転するか、逆に状況を悪化させてしまうか。それを決めるのが、人の心を読む力である。

ある電子部品会社が、中国進出を企《くわだ》てていた。北京《ペキン》へ進出しようとしたが、タッチの差で同業他社に先を越された。

そこで、上海《シャンハイ》での現地会社との技術提携はなんとしてでも成功させるという意気込みで、担当課長のAさんは社長や担当役員とともに上海に乗り込んだ。

当日、社の命運をかけた交渉を前にして、Aさんは緊張の極に達していた。もともと気が小さいところへもってきて、社長と担当役員を前にして「うまくいかなかった

らどうしよう」と、失敗したときのことを考えずにいられなかった。

ところが、交渉の場につく前に、社長は、なんと、

「A君、ダメになってもいいからな」

と言って、ニッコリしたのである。

ダメになったら困るのは、社長が一番よくわかっているはずなのに、

「ダメになってもいいぞ」

と言ってくれた。驚くと同時に、社長が励ましてくれていることがよくわかって、Aさんは力がわいてきた。その結果、Aさんは、終始強気で交渉を進め、成功させることができた。

部下の心を読み取って発した社長の一言がなかったら、交渉はどうなったかわからない。

何がなんでもと社長自身に余裕がなく、

「いいか、失敗は許されないからな！」

……こんな一言を発していたら、Aさんは金縛《かなしば》りにあってまったく力が出せず、交渉は無残にも失敗に終わったことだろう。

Aさんは、当時を振り返って、こう述べている。

「社長の人の心を読む力のすごさには、ただただ頭が下がります」

ここには、人の心を読める人と読めない人との結果の違いが、怖いくらい表れている。

これは、ビジネスに限ったことではない。

人生のさまざまな局面で、人の心が読めるか読めないかで、人と人との関係は、まったく異なった様相を帯びることになる。

現実をしっかり見る目と、人に対するやさしさが、人の心を読む力を育てる。逆に、自分に余裕がないと、現実を見る目や人の心を読む力を失わせる。

余裕がないから自分には無理、と言う人がいる。でも、余裕は自分でつくるものである。

大人としての自覚を持って生きる過程で、余裕はついてくるのである。

16

これだけで印象が変わる「返事」のしかた

声をかけても、応じる者がいなければ、あいさつは消えてしまうだけだ。

声をかけるのがうまい人は、相手が応じやすい工夫をしている人である。返事のうまい人は、関わりを敏感に察知して、あいさつを生かせる人だ。

近頃、「ハイ！」という元気のいい澄んだ返事を聞くことが少なくなった。子供たちにも無反応・無表情が広がっているという。

それだけに、返事のいい人の存在が目立ちもする。

人に呼ばれたら「ハイ」――こんなことは、当たり前すぎて、気がきく・きかない以前の問題のように思える。

とはいえ、そうした返事ができない人が多い中で、できる人は、働きかけを感じ取って応えている点で、「気がきく」部類に入るだろう。

設計事務所でアルバイトをしているS君は、この部類である。

彼は、設計図が引けるわけでもなく、難しい仕事は何一つこなせない。いわゆる「雑用」を受け持っている。

昼の十二時が近くなると、あちこちからS君に声がかかる。

昼食の弁当を買いに行くのも、S君の仕事なのである。

「S君！」

遠くからお呼びがかかる。S君は、

「ハイ！」

と大声で応じて、声のかかったほうへ飛んで行く。そのとき、メモとペンを持って行くのを忘れない。

S君は、注文があった弁当の種類を、メモにしっかり記入する。

「Sくーん」

今度は女性の社員からである。同じように「ハイ！」と元気よく返事をして、彼女のもとへ飛んで行く。

S君は、みんなから好かれ、職場の人気者だ。誰もがS君のために何かしてあげたいと思っている。まさに、返事の効用である。

それでも、

「返事なんて」

と思っている人もいるかもしれない。そんな人に、返事の御利益《ごりやく》を、もう一つお見せしよう。

ある商店街に、一店、つねに業績のいい店がある。

理由は、その店の女性店員の応対のよさにあった。

彼女は、すでに買い物をしている客と応対しながら、近づいてくる客やショーケースを眺めている客に目を向けて、

「ハイ、いらっしゃいませ」

「ハイ、どうぞ見ていってください」

「ハイ、ちょっとお待ちください」

「ハイ、すみません」

と、にこやかに応じているのである。

客の呼びかけを察知して、先手を取って「ハイ」と応えてしまうことで、客の足を止めてしまうのである。一人が足を止めれば、つられて立ち止まる人も増える。これが業績のいい理由だったのである。

返事は応じる側からの働きかけである。気のきいた働きかけをすることで、店の発展にも貢献できるとなれば、「返事なんて」とは言っていられない。「返事こそ」に発想を転換すべきなのだ。

自分にこだわっている人は、呼ばれてすぐ返事するなんて「みっともない」と、卑屈に感じたりするから、返事に力がない。

呼びかけた相手の気持ちを感じ取れる人は、返事を通して「気のきいた一言」を発しているのである。

2章

気がきく人、きかない人

——ここで差が出る「とっさの受け答え」

17 気のきいた質問、気のきかない質問

会話の場面に質問は欠かせないものだが、

●好かれる質問＝気のきいた質問
●嫌われる質問＝気のきかない質問

という関係が成り立つ。現実には、気のきかない質問や嫌われる質問のほうがはるかに多い。困ったことに、嫌われる質問を発していて、それに気づかない人が多い。

◆嫌われる質問

①妻から夫へ……

「あなた、今度の土曜日、どうなってるの?」

一瞬、警戒する夫。

「あ、土曜日、ちょっと出かけるけど」

「まったく、あなたって、いつも土曜日っていうと出かけるんだから。買い物につき合ってほしかったのに」

夫にしてみれば、「出かける」は心ならずも発した一言で、なぜ用件を最初に言わないんだ、と言いたくなる。この種の質問は、相手の都合を尋ねているようで、実はこうしてほしいという願望や要望を背後に秘めているのである。

②上司から部下に……
「きみ、今日、帰りに予定は入ってるかい?」

「ええ、まぁ。で、何か?」

「プレゼンの資料づくりを手伝ってもらえないかと思ってね」

これも、①と同じ。部下からすれば、

「今日は残業して、プレゼンの資料づくりを手伝ってくれないか?」

と問いかけられたほうがすっきりする。

「わかりました。そういうことでしたら、なんとか都合をつけます」

と答える部下もいるに違いない。一般的に、遠回しな質問は嫌われるのだ。

③男性から女性に……

女性に嫌われる質問の代表が、

「きみ、いくつになったの？」

「どうして結婚しないの？」

「彼氏いるんだろう？」

などである。いまどきこんな質問をする男性は少ないと思うが、次の質問はどうか。

「きみの好みのタイプは？」

「そうね、やさしい男性」

「やさしいじゃわかんないよ。具体的にどんな男性のこと？」

相手が答えに困るような質問は、一般に嫌われる。試された、責められた、恥をかかされたと感じさせる質問をする人は、気がきかない人である。

◆好かれる質問

一言で言えば、聞かれてうれしくなる質問。

①「この件にくわしいきみに聞きたいんだけど……」

相手の経験や専門知識を尊重した質問で、質問された相手は自尊心が満たされる。

②「あれ？　えらくうれしそうだけど、いいことでもあったのかな？」

相手は「そうなんだ、実は……」と話し出し、よくぞ聞いてくれたと満足する。

③相手の関心事について質問する

その人の興味や関心事を日頃から気にかけておくとよい。

初対面なら、その場で観察してキャッチできるようにしたい。

また、たとえばオフィスに案内された場合は、そのへんに置かれている書類、本、資料などにチラッと目をやっておく。会う人の関心事がつかめるかもしれない。

④率先して質問する

講演会で「質問はありませんか？」と言われた場合、率先して質問する人も好かれる。シーンとなって質問が出ない状態が多いからだ。先日、

「福田さんの書かれた本で、今後の勉強に役立つ本はありませんか？」

という質問を受けた。

「もちろん、ありますとも」

と、私はうれしくなって答えた。

以上、いくつかの例を紹介したが、気のきいた質問を発するのは、意外に難しいものである。

とはいえ、その気になれば、決してできないことではない。

気がつかないで、人の気にさわる質問をする人間が少なくない昨今、さりげなく気がきく質問ができる人は大人の気づかいができる人である。日頃から、相手への気配りを怠らなければ、誰にでもできることである。

18

「緊張状態」を一気にほぐす三つの切り札

人はどんな場面で緊張するか。代表的なものをあげてみよう。

①初対面…………とくに重要な用件を抱えているとき
②対立状況………対立に不慣れな人ほど、緊張が強くなる
③失言の場面……相手を怒らせるなど、一瞬、緊張が走る
④人前で話す……大勢を前にすることで、失敗の恐れを感じて
⑤危険の可能性……災害、事故などが発生しそうなとき

これらの状況で過度の緊張状態に陥れば、大失敗の危険が待ち受けている。どうしたものか。

それぞれについての対処法を以下に記す。

①の「初対面」と④の「人前で話す」については、自分を正直に見せることだ。

「緊張しています」

「こんなに大勢のみなさんの前で、あがっています」

と言葉に出して言う。すると、持てる力が出しきれるのだ。

正直に自分を見せることで、自分はこれ以上でもなければ以下でもないということが相手にもわかって、極度の緊張から解放される。

②の「対立状況」に関しては、人は意見も立場も違うのだから、対立が生じて当たり前と考える。対立があるから話し合うので、恐れたり回避したりすれば、いっそう対立アレルギーになる。

最初は抵抗感があっても、どこがどう違うか、一致する点はどこかを確かめていく。しだいに落ち着いてコミュニケーションができるようになるだろう。

加えて、対立しているのは意見のみで、人として対立しているのではないと思えば、対立感情を引きずらないですむ。

③の「失言の場面」は、きちんと謝るのが一番。言いつくろったり、言い訳を繰り返したりすれば、失言の上塗《うわぬ》りとなって、深みにはまる。潔《いさぎよ》く謝るのが何よりだ。

⑤の「危険の可能性」については、たとえば、あるとき、こんな経験をした。

飛行機の揺れが激しくなり、テーブルの上のコーヒーカップがいまにも倒れそうな状況で、乗客みな緊張で青ざめていた。

そのとき、機内のアナウンスがあった。

「みなさま、気流の関係で大きく揺れていますが、飛行の安全には心配ありません。体の力を抜いて、揺れに身をおまかせください。足だけ床にきちんとつけ、あとは体を楽にしていれば、間もなく揺れは収まります」

落ち着いた声で、ゆっくりと、これだけ伝えた。さすがプロの知恵、と感心したものである。

緊張をほぐすのは「正直に自分を見せること」「潔く謝ること」「プロとしての知恵」だなと思ったものであった。

19

女性心理を一言で表現した、見事な「言い訳」

約束の時間に二十分遅れた若い女性。

「遅れてごめんなさい」

男性は、怒った顔で一言。

「遅い！　二十分も待たせて！」

すると彼女、こう言ってニッコリ。

「でも、私なんんか、一週間も待っていたわ」

これはまた、なんとかわいらしい言い訳であろう。オーバーな言い方でありながら、女性の心理を見事に表現している。

言い訳も、こんなふうに明るく表現できれば、**不機嫌な相手も、一瞬にして心を和らげる**だろう。

言い訳にマイナス・イメージがつきまとうのは、

●言い逃れ
●弁解
●責任転嫁

と受け取られるからである。

「遅い！　二十分も待たせて！」

この言葉に直《ただ》ちに反応して、

「そんなこと言われたって」

と弁解をはじめれば、相手をやりきれない思いにさせる。

毎日の生活で、言い訳を必要とする状況は、決して少なくない。そんなとき、

「言い訳なんかしたくない」

と黙っていれば、誤解されて評価を下げ、問題は未解決のまま残る。

言い訳する必要があるのであれば、ジタバタせずに、発想を切り替えてみたらどう

か。自分にでなく、相手に焦点を当ててみるのである。

努力してもうまくいかなかったときは、その理由を相手にわかってもらうようにする。

理由を聞けば、「そういうことだったのか」と、相手も一安心する。ポイントは、次の三点だ。

①まず詫《わ》びる
うまくいかなかった、約束通りできなかったことで迷惑をかけたことについては、「申し訳ありません」と悪びれずに謝ることだ。

②理由やいきさつを簡潔に述べる
なぜ約束が守れなかったか、相手は知らないのだから、そこをわかってもらう。これは弁解とは違う。

弁解は自分を守るため、理由の説明は相手のため。この違いを知っておこう。

③相手の気持ちを先取りする

遅刻しても、堂々と「おはようございます」とあいさつする。

その上で、

「遅くなってすみません。気分がすぐれなかったものですから。でも、今日はプロジェクトを立ち上げる日ですから、頑張って出てきました」

と、上司の心配を先取りして、それを打ち消してしまう。

日本には弁明を嫌う傾向が根強く残っている。一方、欧米を中心とした諸外国では、謝罪したら負けという思いが根強い。

相手のために理由を説明して、問題解決を図るのが、これからの時代に求められる話し方である。

20

愚痴を言う人、言わない人
——相手への印象はこれだけ違う

「あいつの話には愚痴が多くてね」

「彼って、会うと愚痴ばかりなのよ」

と言われる人は嫌われ者かというと、必ずしもそうではない。

「愚痴」というと、たいてい中身は、

- 他人に対する恨《うら》みつらみ
- 会社や仕事への不満
- ダメな自分、ついてない自分への嘆き

などと相場が決まっていて、そんな話は誰も聞きたくない。だから、一般にはやめたほうがよいと言われている。でも、全部が全部そうと限ったわけではない。誰一人として一言も愚痴を言わなくなったら、息苦しい世の中になってしまうだろう。

愚痴の隠れた効用に気づいている人は、**うまく愚痴を言って他人から好かれている。**

確かに、まったく愚痴を言わない人もいる。

●有能でなんでもできてしまう人……愚痴を言う必要がまったくない

●あるべき姿に縛られている人……愚痴など言うべきではないと思い込んでいる

こういう人は愚痴一つこぼさない立派な人だが、近寄りがたい。よくできた立派な人は、欠点もない代わりに魅力もない。こちらが愚痴でもこぼそうものなら、「言ってもしかたがないことを言って、何になるんだ」と、まことに気のきかない一言を発したりするのである。

言ってもしょうがないこと、益のないことをしゃべるのが愚痴である。愚痴など言っている暇があったら、「言うべきこと」「益のあること」を話したほうがいい。

しかし、「しょうもない」「益のない」ことをしゃべっていると、気が晴れて、疲れが取れるのだ。

「今日はまいったよ。昼飯もゆっくり食べられないくらい、次から次へと仕事でね。疲れちゃって、口をきく気がしない」

「面白い人。ちゃんと口きいてるじゃない」

「あ、そうか、ハハハハ」

「私だって大変だったのよ。人手が足りないってわかってるのに、あれをしろ、これをしろってうるさいんだから」

こんな会話で適当に愚痴を言い合って、疲れを癒《いや》せればいいのである。

愚痴には、「ウサが晴れる」「親近感がわく」「本音の会話ができる」などの効用があるが、こぼすときには、「くどくど言わない」「愚痴だけで終わらせない」などの心得を知っておくべきだ。

「忙しいってのは悪いことばかりじゃないから、まぁ、明日も頑張るか」

と、明るく一言。**うまくいかないことが多い世の中。相手の愚痴を聞く耳も持てれば、まことに結構である。**

相手の愚痴を笑って聞けるようなら、会話も楽しくなる。

21

「相手への不満」は、その場で言わないと取り返しがつかなくなる！

カッと来て感情を爆発させてしまうと、「売り言葉に買い言葉」となって、会話は泥沼にはまってしまう。気のきいたものの言い方をする余裕はどこにもない。

誰の心の中にも感情があって、感情とうまくつき合っていけないと、気のきいた話し方は望めない。

逆に言えば、感情をコントロールできてはじめて、話し方も大人の仲間入りができるのである。

怒りの感情のような争いの火種になりやすいものと、どのようにつき合えばいいのかを考えてみよう。

①初期の段階で口に出して表現する

はじめは「軽い不満」「イヤな感じ」程度のものが、我慢して口に出さないでいるうちに、大きな怒りにふくらんでくる。

仕事熱心でいい成果も上げるのだが、あいさつをしなかったり、報告を怠ったりする、勤務態度のよくない後輩がいた。先輩はその態度に不満を感じていたが、口に出さずにいた。不満はしだいに腹立ちとなり、あるとき、

「お前の態度がよくないって、みんな言ってるぞ！」

と、イヤミを言って非難してしまった。後輩もムッとして、言い返した。

「そう言ってるのはみんなでなくて、先輩でしょう？」

「そういう態度が生意気だって言ってるんだよ！」

「だから、先輩がそう言ってるんでしょう？」

二人の間は、最悪の状態になってしまった。

こんなときは、不満を感じた段階でそれを表明したほうがいい。

「きみが朝、あいさつもしないでやってくると、気分でも悪いのかと心配になるんだ」

「別に気分が悪いわけでは……」

「だったら、あいさつぐらいしてほしいね。お互い気分よく仕事したいじゃないか」

②相手を責めずに「自分の感情」を伝える

八月の第一週に休暇を取ろうと思っているところへ、先輩が、

「オレ、八月の一週に休みを取るから」

と言い出した。昨年も先輩に譲ったのを思い出して、「先輩は勝手だ」と、内心面白くない。そこで、

「先輩は自分の都合ばかり言って勝手ですよ。ひどいじゃないですか!」

と非難すれば、お互い怒りの感情に火がついてしまう。どうすればいいか。まず、

「困ったなぁ……」

と、自分の気持ちを声に出して伝える。

「え? 何が?」

「私も第一週に休みを取る予定なんです……」

「それは知らなかった」

となって、話し合いの余地が生まれる。

感情をうまく伝える技術を身につけよう。一言で言えば、相手への非難、攻撃、恨みつらみ、イヤミに走らない方法を工夫することだろう。

「感情を伝えること」と、**「感情的になること」は別**なのである。

ここで一つポイントがある。先ほどの例であれば、

「先輩は勝手です」

と相手を責めるのではなく、主語を自分にして、

「私は困っています」

と自分の気持ちを表現する方法を身につけることだ。

22

名前が出てこない——相手を傷つけずにさりげなく尋ねる法

アメリカの心理学者がこんなことを言っている。

「人の名前を忘れることは、手にしたダイヤモンドを落とすに等しい」

人の名前を覚えることの大切さを知らない人は一人もいないだろう。右の言葉は、人の名前をダイヤモンドにたとえたところに面白さがあり、印象深い。

では、忘れないためにはどうすればいいのか。

自己紹介された時点で記憶に定着させることだ。

「どうも名前を覚えるのが苦手で、二度目に会ったとき、相手の名前がどうしても出てこなくて困ることがあるんですよ」

よく耳にする言葉だが、こういう人は、覚えるのが苦手というよりも、覚える工夫が足りないのだ。

名前を聞いたら、会話の中で何回か繰り返す。呼びかけるとき、

「そちらは……」

「こちらでは……」

「A社さんとしては……」

という言い方が多いが、これを、

「田中さんは……」「田中さんとしては……」

のように、相手の名前に置き換える。呼びかけの都度、口にしていると、確実に記憶に定着する。

もう一つ。その人の特徴を「大柄」「メガネ」「早口」などと、たとえば名刺の裏にメモしておく。これらの特徴を名前と結びつけて覚えるようにすると、二度目に会って話しているうちに、早口のしゃべり方から、「そうだ、田中さんだ」と思い出す。

ところが、会った相手の名前がどうしても思い出せない。さあ、困った、ということもある。

一番オーソドックスなのは、正直に、

「すみません、お名前をど忘れしてしまいまして」

と聞くやり方。額に手をやり、思い出そうと努力している姿を示すのもいい。

奇抜なのは、

「失礼ですが、お名前は？」

「田中です」

「名字のほうはわかるんですが、お名前のほうを」

「ハハハ、その手できましたか」

などと乗ってくれる相手ならいいが、手の内を読んでしらける人もいるから、考えものだ。

相手の話を聞いているうちに記憶が甦《よみがえ》ってくることもある。

気のきいた相手なら、さりげなく、会話の中に自分の名前を入れて助けてくれる。

23

「自分の人脈を紹介できる人」ほど信頼される!

「水くさい。ちょっと紹介してくれればいいものを……」

そんなふうに感じた場面を思い出すことがあるだろうか。なければ幸いである。

ある日のこと。同年配の知人と東京駅のコンコースを歩いていたときだ。向こうからやってきた中年の男性が、知人の姿を見て立ち止まった。知人も気がついて、

「やあ、伊藤さんじゃないか」

と大きな声を出した。二人はお互いに歩み寄り、

「偶然ですね」

「仕事のほうは順調ですか?」

からはじまり、立ち話がしばらく続いた。

その間、私はポツンとつっ立って、乗客の流れをぼんやり見つめていた。時間にしてせいぜい三分ぐらいだろうが、置いてきぼりの気分を味わった。戻ってきた知人は、

「すみません、お待たせして」

と、事もなげに言った。彼と私は歩き出したが、わずかな違和感が残った。私のほうから、ざっくばらんに「いまのはどなたですか?」と聞いてしまえばよかったのかもしれないが、先に知人のほうから、

「以前、取引先で親しくしていた人なんですが、東京駅で会うとは思いませんでした」

などと言ってくれれば、かすかな引っかかりは消えただろう。

さしつかえなければ、紹介してくれるのが一番好ましいのだが……。

紹介する、引き合わせる。これが上手にできる人は、気のきく人である。紹介された者同士、お互いに得るところがあれば、紹介した人は感謝される。

たとえば、Aさんが、B君をCさんに紹介する場合、

「B君です。企画の仕事をしています」

これではそっけないだろう。

「私の大学の後輩で、○○社で企画を担当しているB君です。物静かなタイプに見えますが、趣味はオートバイを乗り回すことなんです。ここ最近は釣りにも凝《こ》っているようです」

Cさんも釣りが好きであるのを承知の上でこんなふうに紹介すれば、二人の会話のきっかけにもなる。紹介するときは、次の点を押さえておこう。

- その人間の特徴をつかんでおく
- 二人に共通する面をあげる
- 情報があやふやな場合、本人に確かめる

紹介された側は、それによってつき合いが生じたら、紹介者に知らせるのを忘れないことが大切だ。こんな気のきいた一言があるといい。

「先日ご紹介いただいたCさんと、趣味のおつき合いしています。いい方を紹介していただいて、Aさんのおかげです」

24

相手が「また会いたい！」と思う「さよなら」の伝え方

「別れ」といっても、いろいろある。

男女の別れのようなつらい別れの場合、どんな一言を発すればいいか。

相手の都合で一方的に別れ話を持ち出されたある女性は、最後の別れの際、

「長いことつき合ってくれて、ありがとう」

と、涙も見せず、笑顔でこう言った。その気丈《きじょう》さに心を打たれ、男性は二十年を経た今日でも、その一言が心に刻まれているという。

男女の関係は、つき合うときより別れるときのほうが難しいと言われるが、**別れ際の一言に、その人の「器量」が表れる**のではなかろうか。

人間の生活は「出会い」と「別れ」によって成り立っている。歌の文句ではないが、「会うは別れのはじめ」であり、別れは次の出会いへと向かう引き金となるのがつね

である。

人が訪れる。用件がすめば、「さようなら」と言って立ち去る。出迎えはにぎやかでも、帰り際はなんとなくさみしげで、あたふたと落ち着かないこともある。

帰り際に見送るとき、心を込めて、ちょっと気のきいた一言を言えれば、

●温かくて
●明るくて
●また来たい、会いたい

となって、互いの絆《きずな》がいっそう強く結ばれることになるだろう。

先輩の家に遊びに行き、帰り際に玄関の外まで見送りに出てくれた先輩が、

「きみと話してると時間があっという間にたつんだよな。また来てくれるだろう?」

……心がこもった一言に、後輩はうれしかったが、照れくささもあって、

「ご迷惑じゃないですか?」

と答えた。
「迷惑だと言ったら、どうする？」
「迷惑と言われても、お邪魔します」
「ハハハハ」

超ベストセラー作家であるディーン・R・クーンツに、『ベストセラー小説の書き方』（大出健訳《おおいでけん》・朝日文庫）という著作がある。この本の中で、結びの一言（読者との別れの一言）の大切さに触れた個所があるので紹介しよう。

「読者が本を読み終わって、数日、数週間、数カ月たってから思い出すのは、ラストシーンである」

映画にも同様のことが言える。ある映画のラストシーンで、若い女性が、別れのあいさつに、

「さよならなんて言わないで、また会おうって言って」

と言った。私も、「See you again」とつぶやいてみた。自分も言えるだろうかと思いながら。

3章

説得・説明・質問……
相手が思わず乗ってくる「話し方」

25

「聞く気」にさせる話し方、ここがポイント

こんな話し方をする人がいる。

「あ、それからですね……」

「あとですね……」

「もう一つあるんですが……」

用件を次々と追加していく話し方である。

電話だろうが人前での発表だろうが、これでは聞いている者にはつらい。話が終わるのかと思っていると、

「それからですね……」

と追加される。これを何度もやられると、「いい加減にしてよ！」と言いたくなる。

前もって、

「ポイントが三つあります」

「項目を三つに整理して発表します」

「用件が二つあるんですが、よろしいですか？」

このように予告してくれれば、聞く側も見通しが立って、受け入れやすくなる。

テレビのニュースでも、

「今夜お送りするニュースの主な項目です」

「スポーツは九時三十五分頃からお送りします」

といった具合に、最初にアウトラインを予告して、聞きやすくなるような工夫をしている。

話をする場合でも、言いにくいことを言うときには、とくに相手の受け入れ態勢を整えてやらなければならない。

話し手が言いづらいことというのは、聞く側にしてみれば、〝苦い薬〟のようなもの。いきなり強引に飲まされれば、吐き出したくもなる。

苦い薬なら、オブラートに包んで飲みやすくする。相手の抵抗を和らげる一言の、工夫のしどころである。

あなたの友人が、つき合っている女性に適当に利用されているのに、いっこうに懲《こ》りないで、せっせと尽くしている。

歯がゆくなって、頭ごなしに、

「人がいいのにもほどがある。彼女は、お前のことなんか、これっぽっちも考えてないんだぞ。利用されてるだけだってことがわからないのか」

と叱ったらどうなるか。

言いにくいからと放っておくのでは、友だち甲斐がない。とはいえ、このような言い方をしたら、友人は受け入れようとしないだろう。まず、

「お前の気持ちもわからないではないんだけど、でも、なんだか気になるんだよな」

と、心配している気持ちを伝えて、友人に話を受け入れる準備をしてもらうのだ。

その上で、次のように問いかける。

「お前、彼女のこと、本当はどう思ってるんだ?」

しばらく間があったあと、

「オレも、彼女の気持ち、わかりかねてるんだ」

と、ここまでくれば、あなたの助言も受け入れる状態になったと言えよう。

ただ言いさえすればよい、というのではない。あなたのちょっとした工夫に、相手の心も反応するのである。

ものを言うには、言い方の工夫がともなっていなければならない。工夫もせずに言いたいことを言うのでは、「大人げない」。

逆に、反発を恐れて言わないのでは、「頼りない」人である。

発言する勇気と言い方の知恵とがあってこそ、話し方は生きるのである。

26

文句もユーモアも、ものは言いようである

ある夫婦の会話である。


「結婚したらタバコをやめると言ったのは誰？」

「そんな昔のことを言われてもなぁ……」

「じゃあ、子供が生まれたらやめると言ったのは、どこのどなたでしたっけ？」

「だから、本数をグッと減らしたじゃないか！」

「タバコをやめるというのは、一本も吸わないことよ。どうして、あなたは約束したことが守れないの？」

「うるさいな。タバコをやめないのは、お前がうるさく言うからだ！」

「まったく、話にもならないわ！」

夫が言っていることは、おおよそ筋が通らない。これでは当然、妻は納得しない。自分の言っていることを、適切な根拠を示して裏づける言語行動を、「筋道を立てて話す」と言う。筋道の立った話は、言いたいことの裏づけがしっかりしているから、相手は受け入れやすい。

右の会話における夫のように、タバコをやめない理由が、「お前がうるさく言うから」では、「女房がうるさく言うことに従う必要はない」と言っているのに等しく、これでは、「まったく話にならない」と言われてもしかたがない。

夫の最後のセリフは、腹立ちまぎれに言った一言で、筋の通った理由とはほど遠い。とはいえ、妻の話し方にも、夫の感情への配慮という点で問題がある。夫の感情を針でチクチクと刺すような言い方では、夫が怒り出してもしかたがあるまい。

妻が夫の感情や気持ちを考え、

「**あなたが努力しているのはよくわかるの。**あんなに吸っていたのに、近頃では一日四、五本ですものね。ここまできたんだから、どうかしら、いっそのこと、すっかりやめてしまったら？」

というような話し方ができれば、夫もタバコをやめる気になると思うのだが、いかがだろうか。

ビジネスの世界でも、筋の通らない話をして相手に反論される人が少なくない。先輩や上司の中には、理屈の通らない無理な主張を強引に押し通してしまう者がいる。

「お前は若いからな。まぁ、そのうちわかるさ」

なぜ、いまでなく、そのうちわかるのか、根拠は説明されないままだ。

人をその気にさせるには、理にかなった、納得のいく話をしなければならない。

次の話は、多少強引だが、理屈は通っている。

エッフェル塔といえば、パリの名所の一つ。

老紳士が、エッフェル塔のレストランに毎日やってきて食事をする。マスターがそれに気づいて声をかけた。

「私どもの店の料理がお気に召しましたか?」

老紳士は、「いいや」と言って、首を横に振った。そこで、さらに、

「では、お客様はエッフェル塔が本当にお好きなんですね？」

と尋ねると、老紳士は冷ややかに言った。

「わしはエッフェル塔が嫌いだ」

それなのに、なぜ？　という疑問に対する老紳士の答え。

「パリでエッフェル塔が見えないレストランは、ここしかないからだ」

なるほど、言われてみれば、老紳士の言う通りではある。頑《かたく》なであるが、一つの理屈である。


まず理屈が通っていること。と同時に、人間の感情面への配慮も忘れてはならない。**理性と感情の両面に働きかけるのが、気のきいた説得のしかた**なのである。

物事の筋道を明らかにするには、考える力が必要だ。「考える」のも、生活習慣の一つで、ものを言う前に「なぜ？」と自問する習慣をつければよい。最初はおっくうかもしれないが、習慣にしてしまえば誰にでもできる。

27

上手に説明して相手を〝その気〟にさせる説得術

コミュニケーションでは、気持ちも大切だが、内容をわかってもらう説明も欠かせない。

実は私も、

「わかったからやるとは限らない」

「知っていることと、できることとは別」

などと言ったことがある者として反省しているのだが、「説得」に重きを置きすぎて「説明」を怠りがちなのは問題である。

説得の前には「説明」がなければならない。そうでなくても、日本人は「説明」を嫌い、物事を明らかにするのはよくないことのように思い込んでいるフシがある。

説明することに対する態度は、〝受動〟から〝能動〟に改めなくてはいけない。そうすることで、「進んで説明できる」人間になれるのだ。

説得にばかり力を入れて説明を省くと、必ずと言っていいほど出てくる苦情は、「そんな話は聞いていない」

「なぜ、もっと早く説明してくれなかったのか」

である。こんな後手《ごて》に回った説明では、「ですから、それはですね……」と説明転じて弁解になって、相手の不信をまねいてしまう。

前にも触れたように、「説明」と「弁解」には違いがある。

両者を混同して、「言い訳はしたくない」と、必要な説明までしようとしない人がいるが、相手のために事情をわからせるのは「説明」であって、自己弁護としての「弁解」とは異なるのである。

人々は「知りたい」「わかりたい」存在である。説明を聞いて理解できると、それだけで納得してしまうこともある。

あなたが説明上手になれば、それだけ説得力もアップするのである。

28

必ず「わかりやすい言葉」でスタートしよう

理性に働きかけるにしろ、感情に訴えるにせよ、人をその気にさせるには、話がわかりやすくなければならない。

聞いて、なんのことかわからない、

- 難しい話
- わかりにくい話
- 要領を得ない話

では、混乱を招くのみである。

技術や専門性が高度化して、話の内容自体が難解をきわめるのが、現代という時代の特徴である。もう一点加えるならば、人と人との関係が、「自由」「プライバシー」「個性」などの言葉に幻惑されてか、不透明の度合いを増しているのも、「いま」の特徴と言えるだろう。

その結果、

●横文字や専門用語が飛びかう
●曖昧《あいまい》語が多用される

ことで、ストレスを抱え込む人も少なくない。「何を言われているのか」「相手は何を言いたいのか」がよくわからない。ときにはさっぱりわからない。これでは、その気になりたくてもなれない。

わかりにくい言葉によるコミュニケーション不全こそ、現代において真っ先に解決すべき問題だと私は思っているのだが、あまり大げさに考えると、どうしていいかわからなくなる。できることからはじめるのが一番であろう。

そこで、「わかりやすい言葉」で話すことからスタートしよう。

第一に、「専門用語」について。

なぜ、専門用語にカタカナが多いかというと、大半が外来語であるからだ。

カタカナの専門用語が使われ、それが、一般の人々の間にまで押し寄せた結果、「わからないことをわからない言葉で話す」人たちが増えている。

専門用語は、定義をよく理解している専門家だけが用いるべきであって、安易に素人の世界にこれを持ち込むべきではない。

専門家が素人と話す場合、たとえば、証券アナリストが一般の人に資産形成について話す場合、専門用語を一般の人にわかる言葉に置き換える必要がある。彼ら専門家の口からは、

- ベンチマーク………運用を評価するための基準
- ポートフォリオ………分散投資における運用資産の構成内容
- パフォーマンス……運用の成果・実績

などの言葉がポンポン飛び出してくるが、一般の人には意味がわからない。

困ったことに、これらの言葉は、いまや、意味がわからないまま、頻繁に使われるようになっている。

専門家が専門用語を素人に使う場合（たとえば、医者が患者と話すなど）、定義を示すとともに、専門用語を日常語に置き換える努力が必要だ。そうでないと、素人は聞いてもさっぱりわからず、コミュニケーションが成立しない。その気になるどころではない。


第二に、「日常語」について。

誰もが日常的によく使う言葉は、一見、専門用語に比べてわかりやすそうだが、そうでもないところに問題がある。

日常語は、専門用語に比べて意味範囲が広く、ある言葉がどんな意味に使われるかは、人と状況によって異なるからだ。

「Aさんって面白い人よ。一度会って話してごらんなさいよ」

会って話してみたところ、面白くもなんともない。

「少しも面白くなかったよ。ああいう人って、変わり者って言うんじゃないの?」
これは、「面白い」という言葉の意味が、二人の間で食い違っているからである。

どんな状態を指すのかを二人で確認し合わないと、誤解のもとになる。

人に説明するときは、相手にわかる言葉を使おう。

「わかりやすい言葉」とは、一言で言えば、相手に通じる言葉のことである。

自分にだけわかって、相手にわからない言葉を使う人は、「相手に通じるかどうか」を自問自答する習慣をつけよう。

日本人同士、日本語を使っているという安心感から、相手にわからない言葉を使って、それに気づかないことがないように注意したい。

最近は、若い人に限らず、四十代、五十代の人の口からも「すごい」「かわいい」「みたいな」などの言葉が出てくることがある。どこがどうなのか、相手にわかるように話すべきだろう。

29

自分の意見に「キャッチコピー」をつけてみよう

短くて適切な一言が、威力を発揮することがある。たくさんの言葉を費やして長々と説明するよりも、短い一言が大きな効きめを表すのは、

●物事の核心を突いている

ときであろう。

パスカルの有名な「人間は考える葦《あし》である」の一言にしても、巧みな比喩《ひゆ》であるとともに、人間の弱さと強さを短い言葉で見事に言い当てているために、説得力があり、いまでも生き延びているのだ。

以前、地下鉄の駅に貼ってあったポスターで、混んだ電車の中で両足を組んで前に出している乗客について、「考えない人間の足である」などというパロディのような一文があり、思わず笑った覚えがある。

迷惑行為に対して、「なんて無神経な」とイラだちを感じていた者にとって、「よくぞ言ってくれた」と拍手したいフレーズであった。

国民的歌手だった故・三波春夫《みなみはるお》さんの「お客様は神様です」はあまりにも有名だが、見事な一言だと思う。

しばしば耳や目にする「CS（顧客満足）」は欧米からの輸入語であるが、いまや、日本でもなじみの言葉になっている。

とはいえ、「お客様は神様です」の一言が持つ、ストレートさや実感の強さにはおよばない。

欧米人には、お客様と神様を結びつける発想はないのではないか。

日本人にとっては、神様はいろいろいて、都合のいいときに都合よく登場してくれる存在だが、西欧ではそうはいかないようだ。

「お客様はわがままで好き勝手なことを言うのに、それがなんで神様なの？」

こんな質問・疑問が出ても、日本人は落ち着いて、次のように言い返す。

「神様が我々に試練を与えてくれているんですよ」

一言でその気にさせられた言葉はいくつかある。

ある人は、落ち込んでいるとき、作家の故・宇野千代《うのちよ》さんの「陽気は美徳、陰気は罪悪」の一言で目が開けたという。

小粒でピリッとした一言は貴重である。

日頃から、格言、名言、諺《ことわざ》から核心を突く一言を集めてストックしておくといいだろう。

できれば自分の手で名言集のようなものをつくって、時折、目を通しておくと、いざというときに的確な一言が浮かんできて、あなたの表現力を豊かにしてくれる。

普段の備えが大事で、常日頃から言葉に関心を持つようにしたい。

困ったときに、苦しまぎれにたとえ話を持ち出したりしていると、一部の政治家の人たちのように、失言をまねいてしまうことになる。

30

会話の上手な人は、〝相手が聞きたいこと〟だけを伝える

説明を求めると、

「では」

と言って話し出して、最初から最後まで、ずっと一人でしゃべってしまう人がいる。

こちらは途中で、

「あの」

「ちょっと」

と口を挟もうとするのだが、終わりまで話さないと気がすまないのだろう、

「質問は一通り説明してからお受けいたします」

ということらしい。

「これについては、こう説明する」

と決めていて、相手や状況に関係なく、決めた通りに話すことが習慣になっている。いまもって、そんな人が多くいるようだ。

Dさんは予定納税を納めるのを忘れていて、役所からの督促の通知でそれを知った。目を通すと、納入期限を一カ月過ぎていたが、遅れた一カ月分について延滞利息を支払うようにと書いてあった。来年払う税金を今年のうちに払っておくのが予定納税なんだから、遅くなった分の利息というのはおかしい。

役所に行って説明を求めたところ、担当の職員は、こう話しはじめた。

「そもそも予定納税の制度とは……」

彼が聞きたいのは、そんなことではない。

「利息の記載は間違いではないか?」

「間違いでないとすれば、なぜ支払わねばならないのか?」

の二点を知りたいために、役所を訪れたのである。

途中まで聞いて、我慢しきれなくなったDさんは、話をさえぎって、こう言った。

「あなたの説明はもう結構です。私の二つの質問に答えてください」

この場合、逆に役所の担当者が、

「何をお知りになりたいんですか?」

と、問いかければよかったのである。


営業をする人の中にもよくしゃべるタイプがいて、自分の知っていることを、十なら十、全部話してしまう人がいる。あなたも、

「そんなことより、こういう話が聞きたい」

「その話は関係ないから省いていい」

などと言われた経験はないだろうか。

極端な話になるが、知っていることを全部話すより、一つだけ話したほうが説得力を持つ場合もある。

一つだけでも的が絞れていれば力を発揮するのだ。

会話の上手な人は、自分が知っていることではなく、相手が聞いておきたいと思うことを話す人である。

聞きたいこと、知りたいことに的を絞った話は、相手をその気にさせるのだ。

31

頼まれても悪い気がしない、こんな話の持っていき方

後輩のA君に、プロジェクトチームのリーダー役をやってもらいたい。話をどんなふうに切り出せばいいのか。


「きみ、ウチの専務の口グセを知ってるかい?」

「さあ、『忙しくなってきたぞ』じゃなかったですかねぇ」

「いい線いってるね。でも、ちょっと違う。正確には、『仕事は忙しいやつに頼め』っていうんだ」

「で、何か?」

「そこでだ。忙しいきみに、あえて一つ頼みたいことがある」

「なるほど。そうきましたか。どうもイヤな予感がしたんですよ」

「ぼくの目に狂いはない。きみにピッタリの役どころだ」

こうまで言われては、A君も悪い気はしないだろう。

最初の一言をどう切り出すかで、以後の展開が変わってくるから、切り出しの一言は工夫のいるところだ。

「いま、忙しいかい？　やってもらいたいことがあるんだけど、無理ならしかたがないんだけどね」

こんな腰の引けた切り出し方では、頼まれるほうもとまどう。いったい、やってほしいのか、ほしくないのか。

プレゼンテーションの切り出しでも、

「不慣れなものですから、うまくしゃべれるかどうか自信がありません」

という弱々しい切り出しでは、「これは期待できない」とそっぽを向かれる。

有名な言葉がある。

「最初の十秒で聞き手をつかめ。つかみそこなえば、以後の十分をかけてもつかむこ

とはできない」

最初の十秒で相手をこちらに向かせて、話を聞いてみようという気にさせるには、どうすればいいいか。

第一に、**意外性のある切り出し方**をすること。

海外勤務が決まった部下の送別会で、上司は次のようにスピーチを切り出した。

「B君。英語はブロークンでいいからな」

爆笑が起こったが、B君はホッとした。しっかり英語を勉強しろよ、と言われると思っていたところ、「ブロークンでいい」。これで気が楽になって、以後の話を落ち着いて聞くことができた。

第二に、**プラスの方向で切り出す**こと。

「無理かもしれないが」「自信がありませんが」などのマイナスの切り出し方では、聞き手は逃げてしまう。

プラスの方向にしても、一歩踏み込んで、

「ほかの誰よりも、あなたにお願いしたいんです」

と切り出す。

「この私に？　どうして？」

と、相手が聞く気になったところで、「あなたにお願いする」理由を説明するのである。

第三に、**耳に心地よく響く言葉を使う**こと。

こんな話をしたことがあった。

「先日、〝トントン拍子〟という名の飲食店を見つけました。その店の階段を上がっていくと、トントントンと音がするんです。そこでこれから、話もトントン拍子に弾むように、会話のコツについて、お話ししようと思います」

響きのよい言葉は人の心を弾ませるのだ。

32

相手に気づかせて、その気にさせる話し方

人間の心というのは、まことに、

●気まぐれ
●デリケート
●たわいのないもの

であって、要するに、一筋縄ではいかないものである。自分で自分の心を持てあますぐらいだから、他人の心を、

●読む

●つかむ
●動かす

などということは、簡単にできるものではない。

とはいえ、望みがないわけではない。人間は、経験的事実を通して、ある程度は人の心の傾向を知っている。

その一つに、「押しつけられると面白くない」という心の傾向がある。


たとえば、自分の家の庭でとれた野菜が、テーブルの上にのっている。

妻が誇らしげに、

「これ、わが家でとれた野菜よ。おいしいから食べてごらんなさい」

と言う。夫は、

「ふーん」

と言ったきり、食べようとしない。

「いまとれたばかりなんだから。栄養満点ですからね」

と妻が返しても、夫は気のない態度。妻がいら立って、

「どうして食べないのよ。おいしいのに」

と言うと、夫はしかたなさそうに、一口だけ口に入れる。

夫がその気になれないのは、妻の押しつけがましい口調に抵抗を感じるからだ。

自分がおいしいからといって、相手もおいしいと感じるとは限らない。ましてや、「おいしいんだから食べなさい」となると、自分の好みの押しつけである。

妻がこんなふうに言ったらどうか。

「私にはとてもおいしかったけど、あなたも食べてみる?」

ここには押しつけ表現はない。夫は自分の判断で決めればよく、食べる・食べないも自分の自由である。これだと、

「どれどれ」

などと言いながら食べてみる。

「うん。おいしいよ。イケるよ」

「そう。よかった」

相手に気づかせて「その気」にさせるためには、ちょっとした工夫がいる。

第一は、**問いかけて、相手の口から自分が言ってほしいことを言わせる。**

第二は、次の例を読んでいただきたい。

年配の部長が若い部下とともに取引先を訪問することになった。部長は重いカバンを、部下は薄い紙袋を持って外に出た。信号の手前で部長は足がもつれてよろめいた。

「大丈夫ですか?」

部下は部長の体を支え、同時に、重いカバンに気づいて、

「あ、そのカバン、持ちましょう」

と声をかけた。

「いいかい? 悪いね」

部長は、ウインクして、ニヤリと笑った。

こんな茶目っ気に富んだ気づかせ方ができるといい。

説教や押しつけではなく、それとなく気づかせる。気のきいた話し方ができる人には、それが可能なのだ。

33

人の心を動かすには、〝しゃべるより、聞く〟ことに徹する！

人をその気にさせるのがうまい人は、ペラペラとしゃべってばかりではない。聞き役に回って、さりげなく質問をして、相手からいろいろなことを聞き出すのがうまいのだ。

最初の質問は、話のきっかけづくりのためのもの。

訪問先での会話でも、型通りのあいさつがすむと、質問から話に入ることが多いが、「お忙しいですか？」といったありふれた質問では話は続かない。

こんな質問ならどうだろうか。

「御社のビルの手前にある、『シンスケ』という居酒屋、名前を聞いたことがあるような気がするんですが」

「そうでしょう。わりと有名な店で、結構古くからのファンが多いようですね。森鷗《もりおう》外《がい》の時代からあったという店ですから」

「このあたりは老舗《しにせ》の飲食店なんかも多いんでしょうね」

……と食べ物の話題に花が咲く。


質問には、「事実」を聞く質問と、「意見」を聞く質問がある。


「A君は、なんで今日の企画会議に出席しなかったのかね？」

「風邪だそうですよ」

「薬でも飲んで、来ようと思えば来られたんじゃないのかね？」

「でも、熱が相当あって、動けないという話ですよ」

「本当は出席したくなかったんじゃないのかな？」

「さあ、どうでしょうか。私はそうは思わないのですが」

この場合、相手の意見を聞きたいのなら、最初から、

「A君の欠席について、きみはどう思うかね？」

と、聞けばいい。そうすれば、相手も答えやすい。

「風邪だということですが、実際そうだと思います。このところ残業が続いて、バテていましたから」

他方、事実を聞くなら、

「A君の欠席の理由について知っているかね?」

「風邪で熱があるから休むと、連絡がありました」

と、なるだろう。

質問する際は、相手から何を聞きたいのかをはっきりさせ、それに合わせて質問のしかたも使い分けたほうがいい。


後輩が二日間のセミナーを受けて帰ってきた。そんなとき、

「どうだった?」

と、こんな質問をする人がいる。なんの気なしに発するのだろうが、答えは、

「勉強になりました」

の一言で終わってしまう。

事実を聞きたいのなら、

「一日目はどんなことをやったの？」

などと、内容を絞り込んだ質問をするほうがいい。

意見を聞きたいのなら、こうしたやり取りができるといい。

「自分にとって、何が役に立ったと思う？」

「若い人の参加が多いんで、びっくりしました。それもすごく熱心で、おまけに彼らは優秀なんです。刺激になりましたね」


また、「質問」と「詰問」は、はっきり区別すること。

「質問するけど、あなたはどうしてパチンコや競馬に夢中になるの？　それも、いつも負けてばかりいるのに……」

これでは、「すみません」としか言いようがない。

「どうして電話をくれないの？」「昨晩はどこへ行ってたの？」「私のこと、本当に好きなの？」などと、矢継ぎ早にこんな質問を女性からされた男性は、うんざりするか、腹を立てるだろう。

質問は便利な道具だが、使い方を間違えると、その気にさせるどころか、反発をまねくこともある。

質問によって、相手に話してもらう。話しているうちに、相手は自分で気づき、その気になってくれる。そこが、質問の狙いなのである。質問したら、聞き役にまわるのだ。


逆に質問された場合、実は質問の中に相手が言いたがっている事柄が含まれていることがある。

たとえば部下の、

「部長はいつもタフでうらやましいです。秘訣はなんですか?」

という問いかけは、仕事上の悩みを聞いてほしがっているのかもしれない。ここは、

「このところ、クレーム続きで大変だね」

などと、相手が話しやすいように、促してみたらどうだろうか。

さりげない大人の気づかいで、聞き役にまわるとよい。

34

「何を食べたい?」——何気ない会話から本心を知る法

相手の本心や真意がわからないと、その気にさせるために、どんなふうに話を運べばいいのか迷ってしまう。

言葉の表面だけを聞いていると、

●何を言いたいのか
●どうしてほしいのか

がなかなかつかめずに、振り回されてしまうこともあって、手を焼かされる問題の一つでもある。

若い男女の会話。

「ねぇ、何食べたい？」

「なんでもいいわ」

「じゃあ、寿司でも食べようか？」

「お寿司はちょっと……」

「じゃあ、どこへ行こうか？」

「どこでもいいわ」

よくあるやり取りだが、女性の、

「なんでもいいわ」

「どこでもいいわ」

は、言葉通りに受け取らないほうがよさそうだ。

「お昼は何を食べたの？」

「お刺身定食だった」

「そうか。じゃあ、洋食がいい？」

「そうね」

「たまには、オムライスなんていうのはどう？」

「あ、私、オムライス大好き！」

こんな展開になれば、まずまずだ。

相手に質問しながら、だんだんと食べたいものに的を絞り込んでいくのである。

さて、これもよくあるのだが、やたらに謙遜の表現を使う人がいる。

「今度、社内報で若い人の文章を載せたいっていう話があってね……」

「私って、文章がまるっきりダメなの。昔から友だちにもバカにされてたんだもの」

これにどう答えるかは難しい。

「オレだって苦手だよ。うまい文章って、どう書いたらいいのかねぇ」

「あなたは本をよく読んでるから書けるでしょう。私は本もあまり読まないし……」

ますます泥沼にはまっていく。

こんなときは、話題を変えてみる。

「きみ、映画、好きだって言ってたよね」

「ええ、映画なら、けっこう見るけど」

映画の話をしばらくしているうちに、

「さっきの文章の話だけど、いつまでも下手じゃしょうがないから、少しは書いてみたほうがいいかもね」

と、本心がようやく出てきたりする。

これは、女性に限ったことではない。日本人には自分の本心や意見をストレートに言う人が少ない。本心を読み取るには、

①言葉の表面に反応しない
②質問したり、話題を変えたりしてみる
③表情、目の動き、動作などを観察する

などをやってみる。そのうちに、徐々に「実は」とか「本当のことを言えば」とか、あるいは表情などに本心が出はじめる。そこで、話を先に促していけば、本音の話が聞き出せるのだ。

35

「こうすればできる」
――具体的な一言がやる気を引き出す！

こんな話がある。

一人の男が砂漠をさまよっていた。喉《のど》はカラカラで、なんとか一杯の水にありつきたい。ふと前方を見ると、木蔭《こかげ》があるではないか。もしや、と近づいていくと、なんと、井戸だ。底に満々と水をたたえていた。

男は狂喜した。「あーっ！　これで助かる」と、思わず神に感謝した。

しかし、まだ助かったわけではない。底にある水をどうやってくみ上げるか。その手段や方法がなければ、水はあっても、喉をうるおすことはできないのだ。

こうしてほしいと相手に要求する場合でも、その手段や方法がわからなければ、相手は尻込みするばかりである。

上司が「きみの話を聞こう」と、せっかくその気になってくれたのに、

「時間はどのくらいかかるんだ？」

と尋ねられて、

「相当かかると思います」

と答えていては、たちまち相手の気が変わる。

「十分ほどあれば大丈夫です」

などと、目安をきちんと示さなくてはいけない。


このことは、逆の立場になれば、すぐわかる。

「この調子ではとても間に合いそうもないから、今日は残業してもらいたい」

と上司。

「時間はどのくらいですか？」

「やってみなくちゃわからない。仕事が片づくまでだ」

この一言で、部下はすっかりやる気を失い、暗い気持ちになる。

「どのくらいですか？」

と聞かれた場合、

「みんなで集中して取り組めば、二時間もあれば足りるだろう。七時には終わるな」

というように具体的な目安を示せば、部下も、

「七時ですか。じゃあ、みんなで頑張りましょう」

と、その気になる。


具体的な方法や目安を示すと、なぜ、人はその気になるのか。


「こうすればできる」

という実現可能な見通しが得られて、負担が軽くなるからである。

いまもって、何かというと精神論を持ち出して、「要はやる気だ」「やり方なんか自分で考えればいい！」などと、方法を軽視する人がいるが、それは間違いである。

話し方の指導でも、

「『あのー』とか、『えー』とかの言葉グセが気になりますね。直しましょう」

と問題点を指摘するだけで、直すための方法を提示しないのでは指導にならない。

「『あのー』という代わりに、『そこで』とか、『しかし』とか、接続詞を使う習慣をつけると改善できますよ」

こう言ってこそ、指導なのだ。

一時はその気になっても、方法がわからなければ、やる気は失《う》せてしまうもの。方法を示せば、いますぐにでも、やってみて試すことができる。すなわち、実践につながる。

方法は、物事を前に進める力でもある。

36

話を印象づける「たとえ話」のテクニック

ある会社のトップが、「意識改革」という方針を打ち出した。

管理職たちは、「意識改革」とだけ言われて、どの意識をどんなふうに改革すればいいのかとまどった。

お題目のようにして言われる抽象的な表現は、わかりにくく、人々の行動意欲を喚起する力を持たない。内容をより具体的に表現する習慣を身につける必要がある。

「意識革命」の例で言えば、

「意識改革とは、意識を積極的な方向に変えていくことである。それぞれの部門で、まず、できることから改革に積極的に取り組んでほしい。

売上げが伸びているいまこそ、営業部では一歩先を考えて意識改革をはかることが求められる。とくに……」

などの具体的な説明が必要になる。

抽象的な言葉を具体化する例を、二つあげてみよう。

一つ目は、「幸福」。

「お母さんにとって、幸せってなぁに？」

小学校三年生の娘にこう質問された母親は、答えに困って、聞き直した。

「由佳ちゃんにとっては？」

「お母さんとお父さんが仲よくすること！」

母親は思わず娘の顔を見返して、

「そうよね、本当にね」

とうなずいてしまったという。

二つ目は、「安全運転」。

よく言われる言葉だが、ただ「安全運転」とだけでは、聞き流されてしまう。

ある人がクルマを飛ばしていた。ふと見ると、道路の脇に大きな看板がかかっていて、こう書いてあった。

「あわてるな。昔はみんな歩いてた」

これには思わず納得という表現で、知らず知らずのうちにスピードを落としていたそうである。

具体化をもう一歩進めて、

「たとえば」

と例示するのが、「たとえ話」である。

「たとえ話」を使って話すと、

● いっそうわかりやすくなる
● 話に興味を引かれる
● 印象に残る

などの効果が生まれる。

「たとえ話」と一口に言っても、種類がある。

①直接体験例
自分の直接体験を例として使う。自分の体験だけに、次のような特徴がある。
●リアリティがあり、インパクトが強い
●実感がこもると同時に、独りよがりな話となるマイナス面もある

現場でクレーム担当をしている何人かのベテラン社員に集まってもらって、それぞれの体験談を話してもらう会合があった。

司会役を務めたのは私だが、発言は活発に出たものの、新たな発見が得られなくて、盛り上がりは「いまひとつ」だった。

司会である私が、途中で口を挟んだり、解説を加えるなどして、前に出すぎたのが原因だった。いたく反省した分、私にとってはいい勉強になった。日頃、クレームの

受け皿になって聞き役にまわっている人たちなのだから、私は前に出るのでなく、聞き役に徹すべきだったのである。

翌日の昼休みに、この経験を何人かに話したところ、納得してもらえた。

②間接体験例

たとえ話として、直接体験例には限度があるので、これを補うものとして、他人の話、インターネット上のやり取り、本で読んだ内容などを間接体験例として使う。

先日、若い人の間で一人ぼっちの略として、「ぼっち」という言葉がかわされるという新聞記事を目にした。まわりから、「一人ぼっち」だと見られるのを恐れる若者の心理から、この言葉が生まれたらしい。

右の例を使って、若い人のコミュニケーションの取り方について、

「相手に合わせてばかりでは疲れる。でも、一人ぼっちは恐い」

といった悩みと合わせて話していくと、聞く人もピンとくるものになるだろう。

37

ちょっとした「言い方一つ」で、説得力は二倍、三倍に！

Aさんは、これまで人と言い争いや衝突を繰り返してきた。

相手の考えや行動が自分と違うと、

「そんな考えはおかしい」

「話にならないね。言うだけムダだ」

などと頭から否定する。相手も面白くないから、

「おかしいのはきみのほうだろう？」

「自分だけが正しいなんて、大間違いだ」

と食ってかかるので、決まって言い争いになり、「イヤなやつだ」と、みんなから嫌われていた。とくに、後輩や自分より立場が下の者から、反対意見を述べられると腹を立てて、「生意気なやつだ」とばかりに、「いちいち文句を言うんじゃない！」と

言って押さえつける。中には、

「文句じゃありません、意見を言ってるんです」

と言い返してくる者もいて、ここでまた言い争いになる。


あるとき、Aさんは、同期入社した女性のBさんにこんなふうに言われた。

「何かと人と言い争っていたら、自分がつらくない？　苦しくないの？」

「そりゃあ、いい気分じゃないな」

「でしょう。相手だって腹を立てるし。いろんな人がいるんだから、その人たちの言うことも受け入れて、いいところは認めていけば、あなたの言うことだって、相手も認めるようになると思うわ」

彼女の言う通りかもしれないとAさんは思った。


以来、言い方を改めて、現在では人と衝突することは少なくなった。

第一に、自分と違った考えや反論に対して、**「なるほど、きみの言うことにも一理ある」**と、肯定的に受け止めるように努力した。その上で、「ただ、きみの考えでいくと、こういう問題が起こるかもしれないが、どう思う?」と、問題点を相手に気づかせるように工夫した。

第二に、相手のいいところを認めた。

後輩がいつになく元気がない。近寄って、

「いつも、お前の明るさや元気のよさで、みんな助かってるんだ」

と、いいところをほめる。そして一言、

「大丈夫。きみならやれる」

と相手を肯定する。自分のよさがわからなくなっている相手に、そんな自分のよさに気づかせるのだ。

人間、誰だっていつも自信満々とは限らない。足元がぐらついて不安に襲われたり、変化についていけず、落ち込むときもある。そんなとき、「あなたは大丈夫」の一言をかけられることほど、うれしいことはない。

それに気づいて、Aさんは相手の様子を見ながら、時折、この言葉をかけるようにしている。Aさんはかつてに比べて、大人の話し方ができるようになったのだ。

38

言うことを聞かない相手に効く、さりげない「脅し文句」

人は、「利益」と「恐怖」によって動く。

利益とは得に通じるが、得は物的なものに限らない。知識を得る、心が豊かになるなど、広い範囲におよぶ。

恐怖は損に結びつくが、その損は金銭やものに限らない。体をそこねるのも損で、命を失ってしまえば元も子もない。

利益を強調すればその気になるが、恐怖、すなわち損することを恐れる人間心理に働きかけても、人をその気にさせることができる。

あわただしい朝のラッシュアワー、発車のベルが鳴ったりすると、連絡通路をホーム目がけて走り出す乗客は多い。駅員がマイクを手に、

「ホームを走らないでください」

と大きな声で呼びかけるが、走ることをやめる者は一人もいない。人間の心は、

「……しないでください」と言われると、余計したくなるものである。

ある朝、駅員のこんなアナウンスを耳にした。そして、感心したものだ。

「ホームに水が打ってあります。走るとすべりますので、ご注意ください」

ホーム目がけて駆けてくる乗客に、駅員はこんなふうに呼びかけているのだった。見ると、確かにホームは濡《ぬ》れている。足をすべらせて転びでもしたら、せっかくのスーツが台なしだ。悪くすると、ケガをしかねない。

乗客をそんな思いにさせた駅員のアナウンスは、要するに、「走ると損しますよ」と言っているわけで、「不安にさせて、その気にさせる」やり方を地でいっているようなものである。現に、何人かの乗客が走るのをやめた。

「損」が命に関わるような問題になると、一段とインパクトが強まる。

「これもつき合いのうちだ」

などと言いながら、深酒をして午前様になる夫は、どこにでもいる。妻は、

「いい加減にしたらどう？　体を壊しても知らないから」

と非難するが、いっこうに改まらない。

ある晩のこと。例によって、夫が飲んで深夜に帰宅すると、妻は「お帰りなさい」と文句一つ言わない。

「私の友だちの吉田さん、知ってるでしょう。その吉田さんのご主人が亡くなっちゃったの。突然」

「え？　そりゃまた、どうして？」

「急性肝炎とか言ってたわ。飲みすぎで。なんでも毎晩、ご午前様だったみたいよ」

「ふーん」

「そういえば、あなたと同い年だって」

急に酔いがさめた夫は、恐怖に襲われて酒を控えようという気になっていた。

「このままでは会社がつぶれる」と危機感をあおるのも、不安にさせる説得のしかたの一つである。ただし、不安にさせっぱなしではなく、不安を解消する方法を示すのも忘れないこと。

39

説得の苦労を台なしにする、この一言

相手がその気になって、「よし、やるか！」と動き出す、まさにその瞬間、話し手が発する余計な一言が、せっかくの努力を台なしにしてしまう。そんなケースも珍しくない。

たとえば、先輩のあなたが、渋る後輩をやっとの思いでその気にさせたとしよう。

「わかりました。引き受けます」

と聞いたとき、「手を焼かせやがって」との思いから、つい一言、言ってしまうとこうなる。

「まったく手間のかかるやつだな、お前は」

「え？」

「どうせOKするんなら、もっと早くにすりゃいいのに」

「そんなこと言われても……」

「まぁ、OKしたからいいようなものだけど」

「それだったら、私、引き受けるのをやめます」

これで、振り出しに戻ってしまう。


OKしてもらってホッとする。その油断が思わず言わせてしまう一言である。

●「だから言ったでしょ」
●「いま頃、気がついたのか」

このような、事を台なしにしかねない言葉には、くれぐれもご注意を。

Mさんは用地交渉のベテランで、いかに相手に「YES」と言ってもらうかに頭を悩ませている。用地交渉の担当者は、毎日が難しい説得の連続なのである。

あるときのこと。

道路の拡幅工事で、該当する土地所有者から土地の一部を提供してもらわなければならなくなり、その説得役がMさんに回ってきた。

交渉は当初うまく運んだが、とある女性が頑として話を受け入れようとしない。

「無理をしないで、しばらく様子を見よう。まわりがだんだんOKしていけば、結局はその気になるだろう」

Mさんは、こう判断して静観することにした。一カ月がたった頃、偶然、買い物帰りの彼女と出会った。すると笑顔で、こう言われた。

「あれからいろいろ考えて、私も承知することにしたわ」

Mさんの思惑通り。

そこで、つい、Mさんも油断した。

「そうですか、やっと決めてくれましたか」

彼女の顔から笑《え》みが消え、険《けわ》しい表情になった。そして、

「やっとで悪かったわね。やめにするわ」

と言い残して、彼女は立ち去ってしまった。

最後の最後になって「手を焼かせて」という気持ちが起こるのは、相手を協力者として見ていないためだろう。

せっかくその気になってくれた人には、感謝の気持ちを込めて、

「ありがとうございます」

「助かります」

と言うべきである。

相手を思い通りになる人間ととらえるのでなく、こちらの仕事に協力してくれる「ありがたい人」との思いを持てるようになろう。

40 相手が「グッとくる言葉」三つの条件

次の言葉は、ある映画の主人公が口にしたものである。

「ぼくはあなたを幸せにする自信はありません。しかし、ぼくが幸せになる自信は絶対にあります」

これは、『釣りバカ日誌』の主人公「ハマちゃん」が恋人のみち子さんにプロポーズするときに発した「殺し文句」である。

角川書店の『国語辞典』には、こう書かれている。

●殺し文句……相手の心を一言で引きつけるような、鋭い、気のきいた言葉

この定義から、殺し文句の条件として、

①意外性に富むこと
②人情の機微《きび》に触れていること
③ここぞという決めどころで発すること
の三つをあげることができる。

先の「ハマちゃん」のセリフは、三つの条件にピッタリ当てはまっている。その結果、彼女の心を引きつけ、プロポーズに成功したのだ。

①の条件については、ほんのちょっと視点を変えてみるだけでいい。
「噂通りの美人だ」

ではありふれているが、

「噂以上の美人だ」

と言えば、意外性が出て、相手も、

「あら、お上手ね」

と悪い気はしない。

私の本の愛読者だという女性に会ったとき、彼女は開口一番、

「意外にお若いんでびっくりしました」

と言った。私は、年甲斐もなく、すっかりうれしくなって、なんと感じのいい女性だろうと思ったものである。「意外に」の一言にまいってしまったのである。

女性が男性に用いる殺し文句として、

「○○さんって、本当はさみしい人なのね」

がある。この一言は、作家の田辺聖子《たなべせいこ》さんが述べていたものだ。
②に関しては、田辺聖子さんが指摘したこの一言がピッタリだ。なぜなら、男はみんなさみしがり屋であって、男の心に触れる一言だからである。
「気のきいた一言」とは、さりげなく、人の心に触れる一言である。

「あなたはかけがえのない人だから」

と先輩の女性に言われて、ある女性は涙が出るほどうれしかったという。
③で大事なのはタイミングである。
順調に昇進してきた男性が、油断からミスをして左遷された。そのときの上司から

の一言は、戦前に首相を務めた広田弘毅《こうき》が詠《よ》んだ、ある句だった。

「風車《かざぐるま》　風が吹くまで　昼寝かな」

失意のときにかけてもらった温かい言葉は、いつまでも心に残る。


プロジェクトチームのリーダーのTさんは、中盤にさしかかった大事な会合で、主要メンバーから強い非難を浴びた。なんとかこらえて、会合は終わった。帰りがけ、先輩が言った。

「きみだから、こらえられた。オレにはできない。よくやった」

静かに、こんなふうに言われて、この先輩のためにも、プロジェクトを成功させるぞと、力がわいてきたという。

殺し文句は、人の心への関心から生まれるのだ。

さりげなく発したとき、その力は倍増する。

4章

「ユーモアのある話し方」ができる人・できない人の共通点

41

誰もが思わず笑ってしまう「無意識の行動」

「ユーモア」は、必ずしも笑いを伴うとは限らない。ユーモラスな表現、ユーモラスな人柄とはいっても、笑いがほとんどない場合もある。だから、笑いを含んだ、広い意味での、

- 楽しい雰囲気
- 面白い味わい

を「ユーモア」と呼んでいる。ユーモアとは、楽しくて、人々に歓迎されるものであると定義しておきたい。

矛盾したやり取りを「平気で」、あるいは「気づかないで」やっているシーンに出くわすと、誰でもおかしさを感じる。

昔、人材派遣会社のテレビコマーシャルでこんなのがあった。

上司がイエスマンばかりに取り巻かれて、どことなく不満げに、

「いやぁ、イエスマンばかりでつまらんなあ……」

と言うので、一人の女性の部下が、

「お言葉ですが……」

と言いかけたとたん、

「口答えするな！」

と一喝される。

言いたいことがあったら遠慮なく言うように、と上司が呼びかけるので、

「では、言わせてもらいます」

と真に受けて言うと、

「きみはわかってないね」

などとイヤな顔をされる。

こういうことは、誰もがいたるところで経験しているから、このコマーシャルが笑えるのだ。

「言行一致」があるべき姿なのに、そうならない現実に対して「けしからん」と文句も言えるが、それをユーモアに変える方法もある。

人間は、偉そうなことを言う反面、「平気で」「気づきもせずに」、矛盾したことを言ったり、やったりする。そこに着目して話をすれば、ユーモアが生まれ、聞き手は思わず笑ってしまう。

ある人が、

「私は一人で散歩するのが、何よりも好きなんです」

と言った。すると、そばで聞いていた人物が、ニッコリして言った。

「実は、私もそうなんですよ。同じ趣味同士で、これから一緒に散歩しませんか？」

一人で散歩をするのが好きな人間に、一緒に散歩しませんかと言い出すからおかしいのである。

世の中、ちぐはぐなことはいっぱいあって、笑いの種は尽きない。

42 ユーモアにあふれた人の人間的魅力

毎日の生活は、思い通りにいかないことが多い。そのために、腹が立ったり、落ち込んだり、むなしくなったりして、暗い気分になることも少なくない。それでも、笑いを失わないでいられるか。ドイツの諺は、こう言っている。

「ユーモアとは、にもかかわらず笑うことである」

にもかかわらず笑うためには（笑えるためには）、心に余裕が必要になる。余裕がないと、一つのことに視点が固定して、心がほかに働かなくなってしまう。

約束の時間にギリギリで、心がしきりに急《せ》く。駅に向かって道を走ったのだが、なぜか目の前で信号が赤に変わる。まるで意地悪でもしているかのように、次の信号も赤になって、足止めを食らう。

やっと駅に着き、階段を駆け上がると、電車は発車したばかり。石があれば蹴飛《けと》ばしたくなる。

もちろん、信号や電車は時間通りに動いているのだが、余裕がないときは、意地悪されているように思えてしまう。

余裕があれば、信号が赤に変わって待っている間、ほかのことを考えたり、まわりを見渡したりすることもできる。

誰でもそうだが、メガネをかけはじめの頃は気持ちに抵抗があって、「なぜメガネをかけるようになったか」をもっともらしく話さずにはいられなくなったりする。

臨床心理学者の故・河合隼雄《かわいはやお》氏は、

「近頃、辞書の字が読みにくくなったので、どうしたものかとアメリカの友人のローガン・ファックスという人に聞いたところ、

『じゃあ、私のメガネを使いなさい』

と言って貸してくれました。それを使うと、字がよく見えるんですね。それで、わが家では、これを『ローガン鏡』と言ってるんです」

と、こんな笑い話をしたそうだ。
四十、五十になっても、日本の男性は「照れる」という感情を引きずっているようだ。
ただ「照れる」場合でも、そこに余裕を残していれば、河合氏のように、笑い話をして人々を笑わせて、照れをごまかしてしまえるのだ。

新幹線で大阪に出張する。車中での読書に、とカバンに本を入れてきて、「さあ読もう」と思ったら、メガネを忘れてきたことに気づいた。

「オレはいつも、こんなふうにドジなやつ」と、がっくりきて自己嫌悪に陥る人もいるが、余裕があれば、気持ちを切り替えることもできる。

「これはきっと、休め、という知らせだ。のんびり外の景色でも眺めるとするか」

一点にしか心が働かないと、こんな困ったことが起こる。

病院で、看護師が眠っている病人を一生懸命に起こしている。

「起きてください！　睡眠薬を飲む時間ですよ！」

43

とっさに出る、こんな気のきいたジョーク、言えますか？

変化の激しい時代ではあるが、生活様式や行動パターン、ものの見方などは、習慣化し、固定化しやすい。とくに「ものの見方・とらえ方」は、意識しないと、定型化して、会話もありふれたやり取りに終始する。

小さな子供は、習慣化・固定化が進んでいない分、大人から見ると思いがけない言葉が飛び出してハッとさせられる。「子供のユーモア」である。

孫とその父親を伴って寿司屋に行ったことがある。カウンターに三人並んで、好きな寿司を握ってもらって食べていると、孫が私に向かって、

「おいしいね」

と言った。

「そうだね」

と答えておいて、ふと、

「おいしい、うまい。ほかにどんな言い方があるかなぁ？」

と、孫に向かって尋ねてみた。少し間があって、

「幸せ」

という言葉が返ってきた。

「なるほど！」

私には、どうしたって「幸せ」などという表現は思いつかないだろう。

七歳の孫の柔軟な発想に、手放しで感心した夜だった。

その日の朝に娘が女の子を産んだ。七歳の孫は、その日、お兄ちゃんになったばかりだった。


頭が固くなった大人にとって、視点を変えるのはやさしいことではない。

一つの現象や出来事を違う角度から見てみる。すると、「そうか、こういう見方もできるな」「なんだ、こう言えばいいのか」と気づき、ユーモラスな、ちょっと面白

い表現が浮かんでくることもある。

普通とは少し違った視点からものを見ることによって、

●思いがけない発想が浮かぶ
●ほかの可能性が開ける
●面白い表現をすることができる

といったプラスが生じる。

他人の話を鵜呑《うの》みにしないで、別の見方ができないか、と考える力を養おう。ユーモアは、そこから生まれてくる。

次の話は、阿刀田高《あとうだたかし》氏の『ユーモア革命』(文春新書)から。

アメリカの大富豪ロックフェラー一世が、ホテルに泊まったときのことである。

支配人が、

「ご令息はもっといい部屋にお泊まりになりますが……」

「うん。あいつには金持ちの父親がいるからいいけれど、私にはそれがない」

初代の社長は、すべてを自分で築き上げてきた。二代目の息子は、その上に乗っかっているだけに、甘さがある。それを心配するのが親心だろう。

知人の女性から聞いた話である。

バスを待っていたが、なかなか来ない。やっと来たかと思ったら、なんと「回送車」。イラッとして「まったく！」と思ったが、よく見ると「すみません回送中です」と表示されている。

「すみません」の一言があるだけで、イライラが消えて、なんとなく笑顔になったという。そう反応した彼女にもユーモアを感じたものだ。

44

「ほのぼのとした笑い」はどこから生まれる?

ユーモアは、笑いを伴う場合でも、大爆笑ではない。テレビのお笑い番組で見かけるにぎやかな笑いとも違う。

ユーモアとは、微笑程度の笑いであって、「なんとなく、ほほえましい感じ」に近い「笑い」である。

一方に、切れ味の鋭いジョークがあって感心するのだが、他方には、

- ほんのりした
- ゆったりした
- やさしい感じ

というような、ほのぼのと感じさせるものがかもし出すユーモラスな雰囲気がある。

私のまわりにも、何人か、そういう雰囲気の人物がいる。

とりたてて、どこがどうというのではないのだが、話をすると、なんとなく「おかしい」「面白い」「味がある」といった人である。

真面目な人柄だが、真面目さを他人に押しつけたりしない。淡々として力が抜けているので、「真面目すぎて面白くない人」とは反対の位置にいる。

真面目でありながら面白い人なのである。

生真面目で真剣そのものといった通常のパターンでなく、真面目さと淡々とした態度の組み合わせが、なんとなくおかしさを感じさせるのかもしれない。

新聞の日曜版に、若い夫婦の会話が載っていた。


「日曜日ぐらい、たまにはヤキソバでもつくってよ」

と、妻。

「うん。でも、材料がない」

と、のんびりした夫。

「ちゃんと用意してあるわよ。キャベツにお肉に、おソバ。ハイ、この通り」

「でも、肝心なものがない」

「肝心なものって？」

「やる気がない」

笑顔で答えて、立ち上がってキッチンに向かう夫。妻も笑いながら、

「よろしくね」

の一言。


立ち上がった夫のセリフが「よし、じゃあやるか！」では面白みがない。真面目な夫の口から「やる気がない」の一言が飛び出すところに味があるのだろう。

ほのぼのとした笑いをかもし出すもう一つのタイプは、やさしい人柄の人である。やさしい性格であるため、強いことが言えない。偉そうな態度がとれない。そんな人が「穏やかに」「照れくさそうに」ものを言うとき、まわりはホッとした気分を味わうのである。

ユーモアには、人柄の要素が欠かせないのだ。

あるとき、ふと耳にした会話である。思わず笑顔になってしまった。

「Fさんって、カッとなったときはないんですか？」

「そりゃあ、ありますよ」

「そういうとき、どうするんですか？」

「トイレに行きます」

「どうしてですか？」

「カッとなったら十数えなさい、と言いますが、それができるくらいなら、カッとなりませんよ。だからトイレに行くんです」

真面目に答える姿に、なんとなくユーモラスな人柄が感じられた。

45

「言い間違い」をしても人の心を和らげる場合とは?

つい、うっかりやってしまうのが「言い間違い」で、間違ったことを言ってしまった経験は、誰にでも一度や二度はあるのではなかろうか。

「言い間違い」が他人に迷惑（不快な思いなど）をかけたり、自分の評価を下げたりする場合、これを「失言」と呼び、「うっかり」ではすまされない場合も出てくる。

ここでは、「言い間違い」のプラス面に注目して、**愛すべき言い間違い**とでもいうか、結果としてユーモラスな雰囲気になり、「あの人って、面白いんだね」と言われるケースを取り上げてみよう。

清楚《せいそ》な感じで、おとなしそうな女性が、

「趣味は何ですか？」

との質問に、「お琴《こと》です」と答えるはずが、こうなった。

「おとこです」

……質問した相手も、思わず爆笑。意外性から来る笑いが、初対面の窮屈さをいっぺんに吹き飛ばしてしまったという。


長嶋茂雄さんが巨人軍の監督の頃。

長嶋さんは、ときどき面白いことを言って話題になったりしたが、「鯖《さば》」のことを、魚偏にブルーと書くなどと言ってみたり、一時流行語にもなった「メイクドラマ」のような言葉をつくり出したこともある。

ある日、しつこく記者につきまとわれて、

「きみね。いい加減にしてくれないか」

「しかし……」

「しかしって言うけど、ぼくにも〝デモクラシー〟ってものがあるんだ！」

本人は気づいていないかもしれないが、これはプライバシーの間違いではないか。

でも、聞くほうは、その間違いがなんとなくおかしい。


列車の車内を巡回している車掌さん。

「この先揺れますので、五十円ください」

五十円くださいと言われた乗客、一様に、

「？」

となった。これも、「ご注意ください」の言い間違いで、車掌が自分で気づいて、
あわてて訂正した。

車内に笑いが起こった。好意的な笑いだった。

そういえば、いつだったか、東海道新幹線で検札に来た車掌が、眠っている乗客に、

「乗車券を拝見……」

と言いかけて、眠っているのに気づいて、

「しません」

と、わざと言い間違えた。

相手の心を和らげる、言い間違いというよりは、とっさの機転であろう。

46

こんな「ユーモアのある叱り方」ができますか？

ユーモアは余裕の産物である。

心に余裕がないと、ものの言い方ひとつにしても、ストレートで味気なくなりかねない。ときには、言葉が強すぎて相手を傷つけてしまう。

また、口うるさい叱責は反発をまねくだけで、逆効果に終わることが多い。相手への思いやりが込められている、さりげない叱り方のほうが、かえって身にこたえるものである。

ある中堅の銀行員の話。

厄介な問題を抱えて毎晩のように交渉が続き、終わったあとは飲み会。深夜の帰宅が当たり前のようになっていた時期があった。

朝、家を出たら、それっきり真夜中まで帰ってこない夫に対して、妻から一言の苦言もなかった。

ある朝、眠い目をこすりながら居間の色紙を見ると、こう書いてあった。

「君は君、我は我なり、されど仲よき」

彼は、思わず色紙に向かって手を合わせ、妻に感謝したという。

文芸評論家の故・亀井《かめい》勝一郎《かついちろう》氏はこう言っている。

「ユーモアとは愛情の所作であると同時に、人を叱責する手段でもある」

次に、外国で起きたこんな話を紹介しよう（『読むクスリ』上前淳一郎著・文春文庫）。

オランダ・アムステルダムのホテルの一室でのことである。

外で夕食をすませたキャビンアテンダント数人が、なんとなく一室に集まっておしゃべりをはじめた。夕食に飲んだワインのせいもあって、話は弾み、笑いころげ、座は大変な盛り上がりよう。

一時間ぐらいした頃、ドアをノックする音がするので開けてみると、ワゴンを押したボーイが立っている。ワゴンには冷やしたシャンペン二本とグラスが数個。

グラスを乗せたトレーには手紙が添えられていた。手紙には、

「私は隣の部屋に泊まっていて、先ほどから若い皆さんの楽しそうな話し声を聞いています。あまり楽しそうなので、私も仲間入りさせてほしいと思いましたが、明朝仕事があるため、今夜は早く眠らなければなりません。そこで、残念ながら、お仲間入りはあきらめて、シャンペンだけ贈らせていただくことにしました」

とあった。しばらく、誰もが無言だった。

はしゃぎすぎてうるさいのを叱られたのはわかったが、みんな、どこか、ほのぼのと温かいものを感じていた。

「やるわねぇ」

「じゃあ、ナイトキャップにシャンペンをいただいて、私たちも休みましょうか」

なんと味のある叱り方だろう。ユーモアがあって、洒落《しゃれ》ていて……。私なんか足元にもおよばないが、でも、一度くらい、こんな叱り方をしてみたい。

47

「イヤミ」に対抗できるのはユーモアだけ

皮肉、イヤミ、からかいを受けた場合、これをジョークで上手に返すにはどうすればいいのか。

皮肉やイヤミを言う相手は「イヤなやつ」と相場が決まっているので、何か言われると、身構えたり、カッとなったりしやすい。

上にはペコペコ、下には威張り散らすイヤな先輩がいる。後輩たちにとっては、できれば遠ざけておきたい存在。そんな先輩が、ミーティングの場で言った。

「お前たち、オレが発言してる最中に、コソコソ話すのはやめろよ」

後輩の一人が、ムカッとして言い返した。

「じゃあ、大声で話してもいいんですか?」

こうなると、売り言葉に買い言葉で、先輩もつい大声になった。

「普通の声で話せ！　普通の声で！」

「先輩こそ、大声で話してるじゃないですか！」

これではいけない。ジョークにも何にもならない。

ジョークで返すには、一呼吸おいて、気持ちを落ち着かせなくてはいけない。

次の例を見よう。


自分の評価ばかり気にして、部下のことなど少しも考えない課長がいた。その下で働く社員たちは、忙しい日々で、疲れがたまる一方だった。

疲れはてて、ついにある日、部下のAさんとBさんが遅刻してしまった。

「ほう、二人そろって遅刻とはね」

課長がイヤミたっぷりに言ってくる。

「すみません」

「申し訳ありません」

「で、いったいどんな理由があったのかね？」

まず、Aさんがこう言い出した。

「はい。仕事でアメリカに行かなければならない夢を見ていたんです。飛行機がなかなか飛び立たず、なんとかしなくてはと思っているうちに、つい寝過ごしてしまいました」

「B君、きみは？」

「はい。私はAさんを見送りに行ったのです」

二人のジョークに、まわりがドッと笑った。課長はしかたなく席に戻ってしまった。課のみんなを巻き込んで仲間にしてしまう、AさんとBさんの作戦勝ちであった。

イヤミを言われてジョークで返す場合、頭にきてしまうと、ジョークの効きめがなくなる。


まずは一呼吸。その上で出方を考えよう。

48

気まずさを吹き飛ばす一言のユーモア

気まずい雰囲気といったら、どんな場面が浮かんでくるだろうか。

電車に乗る。

疲れているので座りたいと思って、あいた席を探すが、どこにも見当たらない。と、乗客が一人立ち上がって、席があいた。近づいて座ろうとすると、別の人に先を越されて、サッと座られてしまう。

こんなときは、まわりの視線が気になって、なんとも居心地が悪いものである。「見ろよ。あいつ、座りそこなった。のろいね」などと囁《ささや》かれているのでは、と気になって、「私は座ろうとしたんじゃない」とばかりに、別の場所に移ってしまう人もいる。

こんな場合、先に座った人と目が合ったらなんと言うか。

「あなた、素早いですね、スポーツかなんかなさってるんですか」

こんな一言を発してニヤリとできたらいいが、思うだけで、やったことはない。

「気まずい」ことを、別の日本語で「バツが悪い」とも言う。その場の居心地が悪く、心理的に不具合な状態をさす。

「バツが悪い」を外国人に説明しても、なかなかわかってもらえないらしい。国語学者の故・金田《きんだ》一春彦《いちはるひこ》氏は、たとえ話を使って説明したところ、意外な方向に話が発展したそうだ。面白いので紹介しよう。

会社員のあなたが、朝、

「行ってきます」

と言って家を出る。隣の家の奥さんが、玄関の前の道を掃《は》いている。

「おはようございます」

「おはようございます。行ってらっしゃい」

あいさつを交わし、駅へ向かうあなたは、途中、定期券を忘れたことに気がつく。

あわてて駆け戻り、定期券をポケットに入れて、再び玄関を出る。隣の家の前を通り過ぎようとしたとき、そこにまた、奥さんが。

まことに気まずく、バツが悪い。

「再び行ってまいります」

なんて言えないし……。この説明を聞いた外国人は、キョトンとして、言った。

「へぇ、そんなことがバツが悪いんですか。私だったら簡単ですけど」

「じゃあ、どうするんですか?」

「おはようございます。さっき通ったのは弟ですからって言います」

日本人には自意識過剰な人が多く、他人の目に縛られて、自由な発想ができないことがある。ここを突破するには、

「私の弟ですから」

のような自由な発想ができるといい。別名「やわらか頭」とも言う。

他人の目から自由になれば、頭が柔軟になり、気まずさを吹き飛ばす一言を思いつくことも可能になる。

49

スピーチに生かす、こんな「気のきいた一言」

ものや情報のあふれる現代社会は、やることが多くて、人々はみな忙しい。そんな中で、人のスピーチを聞かなくてはならない、もしくは自分がスピーチをしなくてはならない、というとき、どうしたらよいか。

スピーチをする際には、次の三つのことを心がけよう。

- **短いこと**
- **楽しいこと**
- **「おや？」が多いこと**

こんな話がある。

「みなさん、おはようございます。

今日はカマスの話をします。え？　それって前に聞いたよな、と思う方、手をあげてください。

そうですね、有名な話だから、以前どこかで聞いた人も多い……えーと、全部で三分の一くらいの人が聞いているんですね。

じゃあ、まず、復習から入ります。聞いた人は思い出してください。

水槽にカマスを入れて、エサになる小魚も一緒に入れます。ただし、真ん中を透明なガラスで仕切って、仕切りの向こうに小魚を泳がせておくわけです。

カマスは、小魚を食べようと何度も近づきますが、そのたびにガラスにぶつかって、痛い目にあいます。

やがて、あきらめて動かなくなります。そこで、仕切りを取り払って、小魚を自由に泳がせます。小魚が自分の近くに来ても、何度も痛い目にあったカマスは食べようとしないんです。ハイ、ここまでが復習です。

さあ、これからです。状況が変わったのに、過去の経験にとらわれて動こうとしないカマスは、このままにしておけば死んでしまいます。なんとかして小魚を食べてもらわなければなりません。

そこで、みなさんに質問です。カマスが状況の変化に気づいて小魚を食べるようにするには、どんな手を打ったらいいでしょうか。

いかがですか？　どうすればいいんでしょうか？　この答えについて、ある有名な大企業の社長がこう言っていました。

新しいカマスを水槽に入れて泳がすのです。

新しいカマスは痛い目にあっていませんから、自由に動き回って小魚を食べはじめます。これを見て、前からいたカマスもやっと状況の変化に気づき、様子を見ながら動きはじめます。

カマスの話は、組織活性化の一つのヒントにならないでしょうか。みなさんも、考えてみてください」

「そこで質問です」と、ポイントで問いかけているのがいい。聞き手に考えさせてから先に進むのは、なかなか気のきいたやり方だ。

5章

《実例集》
「言いにくいこと」を上手に伝える、頭のいい〝言い方〟

50

〈実例①〉必ず言い訳が返ってくるとき

何かにつけ、言い訳をする人がいる。決して少なくないタイプである。

「もう少しなんとかならないの?」

「きみ、困るな、こういうことじゃ」

などと言われると、決まって、

「そんなこと言われても……」

との前置きがあって、こんなセリフが続く。

「オレだっていろいろやってるんだ。時間がないんだから、しかたがないだろう」

「忙しくて、そこまで手が回りませんよ。そうでなくても、人手不足なんですから」

「みんな勝手なことばかりやっていて、誰も協力してくれないんだ」

「私が発言すれば、必ず反対されるんだから、何も言う気がしませんよ」

「ウチの古い体質が変わらない以上、何をやってもムダじゃないですか。ぼくにばかり言われても、どうにもならないと思いますよ」

だから「できない」「やらない」のは、「私」のせいではない、まわりが悪い――というのが、彼らの典型的な言い分である。

仕事や人との関係は、相手が悪くて自分は悪くないというスタンスでいる限り、改善されないだろう。むしろ、悪化する一方で、言い訳ばかりしているうちに、やがては孤立して、誰からも相手にされなくなる。

このタイプに、そのことに気づかせるにはどうしたらよいか。

自己正当化の強い人間は、「自分は特別な人間だ」「自分にはすぐれた才能がある」といった偏ったプライドを持っているため、簡単に他人のアドバイスを受け入れない。アドバイスすれば、必ず言い訳が返ってくるので、こちらも腹が立って、

「言い訳を聞いてるんじゃない」

「それなら好きにすればいいだろう」

と、こんなセリフが口から出てしまう。しかし、このセリフは逆効果で、相手はあ

なたから離れていくばかりである。

ただし、接し方としては危険を伴うが、まれに荒療治としての効果もあり、相手との関係を断ち切りたい人には、このセリフはおすすめだ。


言い訳の多い人は、自分をわかってほしいという思いが人一倍強い。

●相手の味方になって、聞き役に回る
●言い訳を自己弁護としてではなく、理由説明としてとらえるようにする

このようなことを心がければ、相手もあなたのアドバイスを受け入れる気になるだろう。その結果、相手が、

「納期に遅れたのは、私の時間の読みが甘かったからです。ただ、急に二名休んでしまったので、これからは普段のコミュニケーションをもっとよくしたいと思います」

などと言ってくれれば、改善の兆しが見え、こちらも前向きな考えになれる。

事態の改善は、自分にも問題があることを認めるところからスタートする。時間はかかるが、彼らが態度を変えるには、あなたの出方を改めるのが一番である。

51

〈実例②〉「答えにくいこと」を質問されたとき

仕事上、あるいはプライベートのつき合いで、答えにくい質問をされる。あなたもそんな経験があるのではなかろうか。そんなときにどう答えるか。

質問の中身が、自分に不利なことであったり、仕事の関係上、答えてはまずい事柄であったりすると、

「それはそれとして……」

「その問題に答える前に……」

などと言ってはぐらかす方法もあるが、すぐ見抜かれてしまう。

答えてまずいものは、

「お答えできません」

「私にはわかりません」

と、はっきり断るのが正しい態度である。四角四面にすぎるというのなら、笑顔で、

「こちらが教えてほしいくらいですよ」

などと一言付け加える方法もある。答えてもさしつかえがないことまで、

「それはちょっと……」

と渋る人がいるが、質問者にしてみれば、「なぜ答えてくれないんだ？」と疑問が生じる。答えられない理由として、「社の方針」「これまでの習慣」「関係者に迷惑がおよぶ」などがあるのなら、その理由を説明したほうがいい。


そうでなければ、質問に率直かつオープンに答えることだ。そのほうが、相手からも信頼される。

ときには、自分に不利になるような答えを求められることもある。


若手の台頭がめざましい業界で、営業担当者が顧客から質問を受けた。

「御社のスタッフは年配者が大半のようですが、どうお考えですか？」


変化や進歩がめざましく、時代を反映する若い人のセンスが求められる新規の業界では、スタッフに年配者が多いのは不利なこともあり、答えにくい質問である。この

種の質問には、

「そうですね、難しい質問ですね」と、ひとまず応じて、その間にどう答えるか考えるのが賢明なやり方だろう。

年配者には、若い人にないよさもある。経験が豊かである分、いろいろなケースに対応でき、有益なアドバイスもできる。

何事にも両面がある。不利な面を指摘されたら、有利な面を答えるといい。

質問の狙いがわからない、読めない。これも、答えにくい質問の一つである。

ある男性は、何度か会っている女性に、突然電話で質問された。

「私たちって、飲み友だちよね?」

男性は、彼女がなぜこんな質問をしてきたのかとまどった。正直に問い返した。

「どうして?」

「ふと、思ったんだけど……」

彼女は話したいことがあったのかもしれない。こういうときは、そのまま続けてしゃべってもらうのがいいだろう。

52

〈実例③〉相手の話が長くなりそうなとき

相手がおしゃべり大好き人間で、話がいつも長くなるとわかっているケースと、突然ほかのエピソードなどを話しはじめて予想外に長引くケースとがある。

相手がお客さんだったとする。いずれの場合でも、お客さんである以上、話し終わるまで聞くのが原則であり、礼儀である。途中でさえぎったりするのは失礼だ。そんなことをすると、お客さんの中には、腹を立てて、「もう来なくていい！」などと言い出す人もいる。

原則は、長い話でも熱心に聞き、話し相手になることである。

ただし、原則には「例外」もある。

一日に五社訪問する予定があって、それぞれにアポイントをとってある。A社の担当者はおしゃべり好きで、話しはじめると長くなる。ただ、今日は長居をしていると、次のアポイントの時間に遅れてしまう。

そんなときは、事情を説明して、時間が来たら、話を打ち切って帰らせてもらう。人間関係ができていれば、わかってもらえるはずだ。

中には、次のように言ってくれるお客さんもいる。

「私も今日は忙しくてね、きみと話してると、つい楽しくなって、話が長くなっちゃうんだが、ちょうどよかったよ」

困るのは、いつも必要なことしかしゃべらない人が、その日に限って、

「いや、私にも苦い経験があってね」

などと、過去のエピソードを思い出して、話が長くなる場合だ。

いつもおしゃべりな相手なら訪問時間を長くとってあるのだが、話が早くすんでしまう人には短かめに設定して、次の予定を入れてしまっている。

「これは困ったことになったぞ」

話を聞かなくてはならないし、時間は気になるしで板ばさみ状態。ここは思いきっ

て断りを入れるのがいいだろう。

「Cさん。面白い話ですね。ぜひ最後までお聞きしたいんで、ちょっと電話をかけさせてください。次の約束時間を遅らせてくれるように頼んでみますので」

Cさんが驚いて、

「いやいや、約束があるんなら守らなくちゃいけない。私の話はいいから」

と言い出したら、

「では、次回、ぜひ続きを聞かせてください」

と答える。もちろん、途中までの話を覚えていて、次回、続きを聞かせてもらう。


次に、相手が同僚や知人だったらどうか。

親しい友だちだとしても、興に乗って長話をしている最中、

「要するに、一言で何が言いたいわけ?」

といったさえぎり方をしたら、恨まれることは間違いないだろう。

おしゃべりの人の中には、自分の話に自信を持っていて、さえぎられても、

「まぁ、急がないで、私の話を聞いて」

と平気で続ける者もいるが、たいていの人はショックを受ける。頃合いを見て、

「ちょっといいかな。いまの話は、つまり、こういうこと？」

と要約すれば、相手も、

「そうそう。そういうこと」

と満足する。そこで交代して、あなたが話しはじめるわけだ。


よくしゃべるタイプには、表現力や観察力が豊かな人が多い。話が長いから、と敬遠ばかりしないで、聞いて楽しむことだってできる。それに、「面白い表現だな」と気づけば、自分の話に取り入れることも可能だ。話の長い人を一概に「口害だ」などと決めつけないこと。

必要があって長話を打ち切るには、タイミングを見はからって相手を不快にさせないのがコツである。

53

〈実例④〉同じ話を何度もされたとき

同じ話を繰り返す人には、二つのタイプがある。

一つは、話に乗ってくると、

「だからさ……」

「そういうわけで……」

と、同じポイントを何回か繰り返すタイプ。

新宿で偶然、高校時代の先生に会った話からはじまって、

「偶然の出会いの不思議さ」

という言葉を何度も繰り返す。聞くほうは、

「それはわかった」

「一度言えばわかる」

と、イライラさせられる。

もう一つは、同じ話題を何度も持ち出し、思い入れたっぷりにしゃべるタイプ。たいていは自慢話であり、話の展開や決めのセリフなど、何から何まで、毎回同じ話なので、次に何が出てくるかわかってしまう。聞き手は退屈し、うんざりする。

両者に共通するのは、**「自分の話に酔っている」ということ**である。そのため、聞き手が「もういい」「わかった」と感じているのに、気づかない。それでいて、

「偶然の話はもういいよ」

「その話、これで三度目なんですけど」

などと言われると、気分を害するのである。

こういうセリフを口にすることについては、話し手と聞き手、それぞれの立場によって見方も異なってくるだろうが、いい気持ちで話している者にとっては面白くないだろう。

とはいえ、聞く者にしてみれば、同じ話を何度も聞かされるのはつらい。どうすれ

ばいいのか。

同じポイントを繰り返す話し手に対しては、頃合いを見て、相手の酔いをさますように、

「あ、そうだ!」

と大きな声を出してみる。そして、

「あなたの話を聞いていて、私、思い出しちゃった」

と自分の話を持ち出す。話の区切りのいいところでやると、バトンタッチは意外にうまくいくものだ。

あるいは、

「ごめん、急用を思い出した。続きはこの次聞くから」

と言って、立ち上がってしまう。

いずれも、こちらの思いきりが大事で、中途半端にやると、かえって座がシラケる。

54

〈実例⑤〉常習的な「遅刻」をやめさせたいとき

人柄もよく、仕事熱心。なのに、必ず待ち合わせの時間に五分くらい遅刻してくる人がいる。五分前後といえども、遅刻は遅刻である。こういう人は毎回「ごめんなさい」と謝り、

「タッチの差で電車に乗り遅れちゃって」

「ちょっと忘れものをして」

などと言い訳をするのである。

毎度のことだから、誰もが、口にこそ出さないものの、内心、「困った人だ」「なぜいつも、わずかばかり遅れるんだろう」「自分が損しているのに気づかないのか」などとつぶやいているのである。

五分遅刻するのと五分早くやって来るのとでは、時間にして十分の違いにすぎない

が、人に与える印象となると、大きく違ってしまうのである。

こういう人には、早い時期、若いうちに改めるように注意するのが親切だろう。わずかな時間の遅れだけに言いにくいものだが、相手のためにも注意したほうがいい。

こういうちょっとしたクセは、年齢を重ねるほど直らなくなるからだ。


遅刻を注意するときには、以下の三点に留意したい。

第一に、次のような小言や非難は、反発を買って逆効果である。

「遅刻なんかして、恥ずかしくないのか!」「ダメじゃないか! だいたい、たるんでるぞ!」「いまからこれじゃあ、先が思いやられるな!」

勤務時間が決まっている会社で遅刻すれば、ルール違反である。ここは一言、

「どうしたんだ?」

と理由を聞くのがいい。

第二に、何度も遅刻する者には、

「きみが来るのを待っていたんだ、さっそくミーティングを開こう」

と待っていたことを強調する。

遅刻をすれば、誰もが「悪い」「すまない」という気持ちを持つ。その気持ちを責任感につなげるには、「きみは必要な存在なんだ」と感じさせる一言をかけるのがよい。その一言が、これである。

「きみを待っていたんだ」

いつもいつもデートに遅刻する彼女に時計を贈った彼がいる。

「きみに早く会いたいから」

の一言を添えて。

第三に、事実を告げる。

「七時十分過ぎだよ」「今月に入って、これで三度目だよ」

黙認するのでなく、事実を告げて注意するのである。

携帯電話の普及で、メールを入れておけばいいと時間にルーズな人が増えているらしい。

時間を守る。人生でこれほど大切な習慣はない。

55

〈実例⑥〉並んでいるところに割り込まれたとき

東京―新大阪間は、新幹線「のぞみ」で二時間半。近くなったとはいえ、東京と大阪には歴史・風土から来る文化の違いがまだある。

面白いのが、エスカレーターにおける歩行習慣だ。東京では、急ぐ人は右側を上り、動かずに立っている人は左側を占める。これが、大阪では右と左が逆になる。

なぜなのか、理由はわからない。

大阪に住む会社員が、東京に転勤になった兄のところに来た。

彼は、朝のラッシュの電車に乗って、

「東京の人は礼儀正しいな」

と兄に言ったそうだ。

混んだ電車の奥のほうに入ってしまって、降りるときに困ったなと思いながら、「すんまへん、降ろしてください」と大きな声をかけたところ、乗客がサッと脇にどいてくれたのだという。

「東京の人には感心するわ」

……もっとも、大きな声の関西弁がめずらしかったのかもしれない。驚いて脇にどいたのであって、礼儀正しいわけではない、という見方もできる。

朝のラッシュと言えば、長い列をつくって次の電車を並んで待っているところに平然と割り込まれるのは、やはり気分がよくない。はっきり言えば、腹が立つ。

腹は立つのだが、割り込んだ人にどのように注意するかとなると、これは容易ではない。

あなたは、注意するほうか？　それとも、「さあ、できるかな、できないだろうな」と注意できないほうか？

大多数は後者ではなかろうか。

腹立ちまぎれに怒鳴ったりするのはよくない。ケンカのもとだ。

では、どうするか。

ある晩、タクシー待ちで長い列をつくっている人たちの間に、若い男性がサッと割り込んだ。それも、先頭に近いあたりに。

こんな場合、人々の非難の目は集まるものの、注意できる人は少ないだろう。しかし、その晩は違っていた。

割り込んだ彼の前に立っていた中年の女性が、穏やかな口調でこう言ったのだ。

「あなた、お急ぎなんですね」

言われた彼は、ハッとして長い行列を見た。と同時に、「ごめんなさい」と言ったかと思うと、列の後ろに飛んでいった。

急いでいて気づかなかったのね、と彼女はいったん受け止めた上で反省させたのだ。

非難の言葉は人を傷つける。否定せず、現状を受け止めながら気づかせるといい。

56

〈実例⑦〉上司・先輩の誘いを断りたいとき

先輩、それも仕事の上で世話になっている人からの誘いを上手に断るのは、簡単なことではない。

下手をすると、先輩とのせっかくの関係がおかしくなる恐れがある。かといって、イヤイヤながら応じるのも負担になり、気分のいいものではない。

「そうですね」

「行ってみたいとは思うんですが」

と曖昧な言い方になってしまう人が多い。

一般に、人に誘いをかける人間は世話好きな傾向があって、こちらが曖昧な態度でいれば、そこをどんどん押してくる。

「な、いいだろう？」

「いいでしょう、行きましょうよ？」

と言われ、ますます断りにくくなる。応じられない、断りたいのであれば、世話になった先輩であればあるほど、早くそれを告げる必要がある。

①まず、お礼から入る

誘ってくれたことに対して、

「ありがとうございます」

の一言を、丁寧に言うことだ。

たとえ嫌いな上司に、

「帰りに一杯やらないか？」

と声をかけられた場合でも、

「プライベート・タイムなんだから、気安く誘わないでほしい」

と言わんばかりの態度は取らないこと。

第三者がこれを見たら、

「冷たい人なんだ」

とは感じても、

「勇気があるな」

とは思わないだろう。どんな相手に対しても、

「ありがとうございます」

の一言を忘れないように。

②都合がつかない旨を伝える

世話になった先輩からテニスに誘われたとする。その日は親が上京してくるので、一日中、相手をしなければならない。

その旨をきちんと伝えて、

「申し訳ありません。そんなわけで、今度の土曜日は都合が悪いんです」

と詫びの一言を入れる。

③代案を示す

A君は、先輩から、

「今度の日曜日、家に遊びに来ないか？」

と誘われた。しかし、あいにく都合が……。

「残念なんですが、その日はダメなんです」

「どうしてもダメなのか。ぜひ来てほしいんだがな……」

「次の日曜日はどうですか？　今度の日曜日は、ちょっと都合があって……」

都合の悪い理由を言い出しにくいような場合は、代案を申し出るのも一つの方法である。代案を示すことで、決して断ることばかり考えているわけではないことをわかってもらうのである。

④言葉だけでなく、態度で示す

改まった態度を示して、「いつもと違う」「これ以上押してもムダだな」と相手に気づかせる。

NOは、曖昧に言わず、はっきり言おう。それも、感じよく言えれば満点だ。

いつまでも「NOと言えない日本人」では、大人としての話し方は身につかない。

57

〈実例⑧〉貸したお金を返してもらいたいとき

言いにくい場合、その状況をつくり出しているのは誰か。

実は、それは自分だということに気づけば、どうすればいいのか、解決策も浮かんでくる。

貸したお金を「返してほしい」という場合も、言い出しにくくしているのは、自分自身なのである。

お金を貸すといっても、額が大きい場合と少額の場合とでは、分けて考えなければならない。

友人・知人から借金の申し込みを受ける。借りるほうだって、言いにくいはずだ。そこを、あえて頭を下げて申し込むのだから、なんらかの事情があるのだろう。

こちらとしては、用意できない額ではない。つい、いい格好をして貸したくなるが、ここはよく考えるべきだ。

第一に、貸した金は戻ってこないと覚悟すること。

約束の期日が来ても返してくれないから催促をする。「もう少し待ってくれ」……

そんなことが何度も続くうちに、お互いの関係がおかしくなっていく。

それを避けるには、貸さないか、貸すなら返ってこないものと覚悟することだ。

第二に、返してくれなくても、いくらまでだったら、あきらめがつくかを考えること。

言うまでもないが、お金の恨みは怖い。覚悟はしていても、戻ってこない現実を前にすると、腹立たしくなって、「許せない」などと感じる。

貸す前に、いくらまでなら戻ってこなくても許せるか考えておくことだ。

同僚と昼食に行く。支払うとき、細かいのがなくて立て替えてもらう。

財布を忘れてきて、仲間に借金をする。

「二、三千円でいいんだけど……」

「細かいのがないから、五千円貸しとくよ」

飲み会で、先輩から頼まれる。

「悪い、オレの分、払っといて。明日返すからさ」

……こういう少額のお金の貸し借りは、日常生活であることだろう。

額が少ないだけに、借りたほうはうっかり忘れてしまい、貸したほうも催促しづらい。結局、うやむやになって、「まぁ、いいか」となる。

でも、貸した側は決して忘れないものだ。借りたほうも、忘れたふりをして、知らん顔を決め込む人もいる。

「返してほしい」の一言をどのように言うか。ヒントを二つ紹介しよう。

①早めに言う

財布を忘れたときの昼食代の立て替えなどは、職場に戻ったらすぐ、

「ハイ、集金」

などと手を差し出して、ニッコリする。

次の日になれば、それだけ言いにくくなる。早め早めに、陽気に切り出せば、相手も「ハイ、ハイ」と応じやすい。

②「自分が忘れやすい」と言う

何日かたって、相手が忘れかけているとき、

「忘れているようですが」

では、とがめているように受け取られる。

逆に、自分が忘れっぽいことにして話を切り出してみる。

「忘れっぽいんですよ。だから、忘れないうちに」

相手も、

「いいんだよ、忘れてくれたって」

と笑いながら返すことができる。

「確か、先輩の飲み代、立て替えておきましたよね」

「なんだ、忘れてるのかと思ったよ。厳しいね」

などと言いながら、先輩も気分よく借金の返済をしてくれる。

言いにくい状況を自分でつくり出して悩んだりしないためにも、いかに言いやすい状況をつくるかがポイントになる。

58

〈実例⑨〉相手が「頼みごと」をなかなかやってくれないとき

頼みごとをすると、「よし、わかった」「いいですよ、やりますよ」などと引き受けておいて、いっこうにやってくれない人がいる。理解と行動は別物としても、「やりますよ」とまで明言しているのに、なぜ？　と首をかしげたくなる。

原因として考えられるのは、こんなところだろう。

● 忙しくてなかなかできない
● 忘れている
● 気が変わる
● 実行に踏み切れない

これらの原因のそのまた原因を探ってみると、「頼む側の詰めの甘さ」に行き当たる。事前に相手の状況と性格について把握しておき、頼んだあとも「頼みっぱなし」でなく、フォローを欠かさないようにしなければならない。

このへんの詰めが甘いために、「わかった、やるよ」と言われたのに、やってもらえない状態に陥っていることが多々ある。

頼まれる側も、日々接している気安さから、簡単に引き受けてしまう甘さがある。催促する方法として、声を荒立てて、「いったい、どうなっているんですか」と詰め寄ったりするのは一番まずい。

ではどうするか。

まず第一に、相手側の仕事の状況を把握した上で、相手が仕事に追われているようなら、こちらからも協力を申し入れる。

資料の作成を依頼しているケースでは、

「もとになる資料は、こちらでそろえましょうか?」

といった具合である。

第二に、**頼みっぱなしでなく、必ず念押しをすること**。

人間は忘れやすい動物なのだ。「わかった、やるよ」と応じても、忙しさも手伝って、すっかり忘れている、などということはままある。

前日頼まれた件について、翌日、出張先からの電話で、

「よろしくね」

と念押しをされた相手は、

「よかった、忘れるところだった」

と胸をなで下ろした。催促では押しつけがましくなるが、念押しなら、気軽に、しかも、ちょっと工夫してみれば、この例のように、喜ばれることもある。

第三に、**期日を定める**。

気が変わりやすい相手には、いつまでにと、はっきり指定すること。

第四に、実行に踏み切れない理由を慮《おもんぱか》って、**「こういうやり方はどうでしょう」**と、実行に移す方法を提案してみる。

こうしたちょっとしたコツを使えば、頼んだ側・頼まれた側、お互いが気持ちよくできるのである。

59

〈実例⑩〉嫌いな相手と毎日顔を合わせなければならないとき

●**相性が悪い**
●**虫が好かない**
●**ウマが合わない**

といった相手は、どこにでも必ずいるものだ。気になりはじめると、お互いに意識して、「イヤなやつ」と、そっぽを向くようになる。

上司と部下がこの状態に陥ると、悲惨なことになる。

ある上司は、部下の一人を毛嫌いして、「顔も見たくない」「ここから先、入ってくるな」などと露骨に態度に出していたそうだが、さすがに「これでは上司は務まらない」と反省して、関係改善に乗り出したという。

好き嫌いの感情は、移り変わるものである。

仲のよかった二人の女性が、ささいなことで口論になり、一転してお互いが大嫌いになる……という例は決してめずらしいことではない。

これは、逆に考えれば、「大嫌い同士」でも、その気になれば、嫌いが好きになる余地はあるということだ。

「虫が好かない」「好きになれない」と頑固に押し通す人がいるが、見方を変えれば、自分がクセを持ったいろいろな人を受け入れられないために嫌っているにすぎない。要するに、心が狭いのである。

その点に気づくのが、第一に必要なことである。

第二に、関係改善の突破口として、どんな一言を発するか、である。

かつて私は直属の上司である係長を嫌っていた。とにかく嫌いで、いまにして思うと恥ずかしいことなのだが、あいさつもしなかった。

ある日、ほかの課の親しくしている先輩から飲みに誘われた。気の合う先輩で、いい機会だから、嫌いな係長について相談してみようと思った。

ビールで乾杯して、話を切り出そうとしたところ、先輩から質問された。

「礼儀とは、一言で言うと何だと思う？」

いきなり問われてとまどっていると、続けてこう言われた。

「教えようか。嫌いな人に自分からあいさつすることだ」

先輩の一言は、強烈なインパクトとなった。いまでもはっきり印象に残っている。

先輩はこの一言で、上司を嫌っている私を叱ってくれたのである。

何日かかかったが、なんとか努力して、係長に元気よくあいさつができるようになった。

関係改善の第一歩は、こちらから声をかけることなのだ。

生きていく上で、嫌いな人とつき合わずにすむ人もいるかもしれない。

しかし、嫌いを好きにする努力は、自分の心を広くしてくれる。嫌いな人ともつき合わざるをえない現実も、そう悪いものではないのかもしれない。

すぐれた人ほど、個性が強く、つき合いづらい「クセ」を持っている。イヤな「クセ」ではなく、すぐれた点に目を向けてつき合えるようになれば、トクをするのは自分自身である。

以前は、大ゲンカをして「お前とは絶交だ」などと宣言する人がいたが、いまや「絶交」という言葉は死語になった。絶交には、いずれ復活する間柄を予想しているところがある。

人間関係も、それくらい、大らかでありたいものだ。

60

〈実例⑪〉「プライドが高い人」を叱るとき

人を叱るのは難しい。

第一に、相手の現状を、「それは間違っている」と否定することになるからである。

自分が悪いと思っていても、あからさまに間違いを指摘されると、反発心が出て、「誰だって、間違いはするからね」「私だって、わかっていたのよ」「こう忙しいと、そこまで手が回りませんよ」

などと素直に受け入れられない。

叱り方の工夫も、**この感情の反発をどう和らげるか**に焦点が当てられる。

自信過剰な部下は、プライドも過剰だから、頭ごなしに間違いを指摘したりすれば、強く反発してくるだろう。

第二に、叱り手の胸中に、「自分は正しく、相手は間違っている」という図式ができ上がって、偉そうな態度を取りやすくなる点があげられる。

間違いを指摘する叱り手だって同じ人間。自分も間違いをすることがあるのに、それをすっかり忘れて、

「困りますね、こんなミスをされては」「ダメだよ、こういう間違いをしちゃ」

といった叱り方をする。これでは、たいていの相手は頭に来て、素直に受け入れようとしない。ここでも、自信過剰な部下は、「あんたなんかに言われたくない」とそっぽを向いてしまう。

第三に、これが最も大きな理由だが、自信過剰な部下は、叱責を聞く耳を持たない。当たり前の話だが、「自分は健康だと信じている者は、薬を飲みはしない」のだから、ましてや、〝苦い薬〟など飲むはずがない。

まさに、この点に、自信過剰な部下の叱り方の難しさがある。

では、彼らを叱るには、どうすればいいのか。

①叱り手が自信過剰な人間から信頼されているかどうか

これが、第一のポイントになる。このタイプの部下は、信頼する人間の話には耳を傾ける。仕事の能力、実績、人柄の魅力などにおいて、あなたがこのタイプの人から、「あの人が言うことなら」と思われていることが大事である。

②相手のプライドをくすぐる

「きみほどの人間なら、わかると思うんだが」

と持ち上げておいて、次のように話す。

「物事には両面があることは、きみはとうにわかっているよね」

「もちろんです」

「きみの言うことは、こちらの面からは正しい。ただ、反対の面から言うと、こういう見方もある。その見方を取り入れることができれば、きみはもっと伸びる」

相手のプラス面を強調して、反対面からの見方があることに気づかせるのである。

人は自分の姿になかなか気づかないものだ。

それに気づかせるのだから、叱り手には十分な配慮が求められるのである。

61

〈実例⑫〉上司に身に覚えのないことで叱られたとき

上司の小言や叱責は、素直に聞いて、成長の糧《かて》にする。

これが、原則であり建前である。

しかし、上司も人間だから、決して完璧ではない。困ったことに、仕事の能力の高い人ほど、わがままだったり、勝手だったりと、欠点が目につくものである。

電話中に上司が話に割り込んでくるのは、とりわけ神経にさわる。部下は自分なりに精いっぱい先方とのやり取りをこなしている。

しかし、上司から見れば問題があり、見ていられなくなる。そこで、脇からの割り込みがはじまる。

「電話をしているのは私なのに、なぜ、まかせてくれないの？」

というわけで、部下は、あからさまにイヤな顔をしてみせたり、聞こえないふりをして電話を続けるなどの態度を取ることが多い。

こういうときは、

「少々お待ちください」

と電話の相手に断って、上司の話を聞いてみること。抵抗はあろうが、聞いてみると、上司の言うことに一理あって、気づかなかった点を教えられたりする。

しかし、たまに上司が勘違いをして、間違ったことを言い出す場合もある。

電話に限らない。叱られた内容が、

●身に覚えがない

●納得できない

といったことは、現実にありうることである。こんなときは、原則や建前だけでは処理しきれなくなる。かといって、ストレートな出方をすれば、今度はその態度を叱責される。

ここでも、言い方に工夫がいる。

先輩がOKしたことなのに、課長に、

「勝手にOKしてもらっては困る」

と、後輩のあなたが叱られた。

「OKしたのは先輩です。私じゃありませんから」

などとふてくされた態度に出るのは、気のきいた人間がすることではない。

かといって、黙って自分の身に引き受けると、あとでOKしたのが先輩だったことがわかった場合、課長から「なぜ黙っていたんだ」と文句を言われかねない。

人間、間違いもありうると承知して、丁重に言い返す。

「お言葉を返すようで申し訳ありませんが、OKしたのは、その件の直接の担当者である先輩です」

その上で、先輩の耳にも一言入れておく。

「実はさっき、課長から例の件で、勝手にOKを出しては困ると注意されました。で、先輩が直接の担当者としてOKを出したんです、と報告しました」

以上のようにすれば、上司や先輩との人間関係を壊さずに、必要なことが言える。

「ごめんなさい」と大げさに謝っておいて、「実は」と気づかせる方法もある。

職場は多くの人が一つの仕事に関わりを持つところである。勘違い、誤解はつきものである。

早め早めに、誤解は解いておくほうがいい。

62

〈実例⑬〉自分のミスで相手に迷惑をかけたとき

上司への連絡を忘れた部下がいる。

「困るじゃないか、きみ！」

「……」

「こういうことをされると、まわりが迷惑するんだ！」

「はい」

「すみませんぐらい、言ったらどうだ！」

「でも」

「でもじゃない。すみません、だ！」

ごめんなさい、の一言が言えない人がいる。

反対に、ミスをすると、

「申し訳ありません」

と素直に謝る人がいる。こういう人は、ミスをして迷惑をかけても、

「まぁ、きみはいつも頑張ってくれているからね」

と評価を落とさずにすむ。

どちらがいいかは言うまでもない。

第一に、自分のミスで迷惑をかけたとき、

「ミスをしてしまいました。ご迷惑をおかけしました。申し訳ありません」

というように、きちんと謝ること。

第二に、**先手を打って謝る**こと。

混んでいる電車の中で、誤って他人の足を踏んでしまった。そんなときは、すぐに、

「すみません、大丈夫ですか?」

と謝ること。ワンテンポ遅れて、相手から「痛い! 気をつけろ」などと文句を言われると、そのあとの「すみません」が弱々しく、相手のマイナス気分を変えるだけの力を持たない。

第三に、全身で謝る。

待ち合わせに三十分遅刻した。照れくささも手伝って、「ごめん、ちょっと遅れちゃって……」としか言えなかったら、相手は腹を立てて、「お前のちょっとは三十分かよ！」などと悪態をつかれかねない。

こんなときは、三十分も待ってイライラしている相手の気持ちになって、全身で「ごめんなさい！」と詫びる。**「どうしたんだ」と理由を聞かれたときは、「ちょっと待ってね」と一息入れる。息せき切って走ってきたため、呼吸を整える間《ま》が必要である。**どんな理由にせよ、三十分もの遅刻は、相手に大変な迷惑をおよぼす。何はともあれ、全力で謝ることに集中すべきだろう。

人間は完全ではない。ミスをしてしまうこともある。そんなときに、どんな謝り方をするかで、結果は大きく違ってくるのである。

謝り方には、その人が表れる。相手から自分の人間性を測られてもいるのである。

63

〈実例⑭〉落ち込んだ相手をなぐさめたいとき

- 好きだった相手と別れることになった場合
- 思いがけず同僚より評価が悪かった場合
- 先輩にこちらの申し入れを断られた場合

など、人生にはさまざまなショッキングな出来事が待ち受けている。

つい先日まで元気いっぱい生きていた人が、突然気落ちし、すっかり元気をなくす。こんなとき、なんとか「励まそう」「なぐさめよう」として一言かけたいと考えるのだが、ここではまず、相手が現在陥っている状態を、そのまま受け止めることが大事だろう。

「頑張れ」「元気を出せ」などと励まされても、力はわいてこないもの。ましてや、「だらしがないぞ」「しっかりしろ」などという言葉は、気が滅入《めい》っている状態では、かえってプレッシャーになる。

ここは、相手の話をじっくり聞いてあげるのが一番ではないだろうか。

聞くそばから、

「そんなこと言ってるからダメなんだ」

と説教したり、

「そんなこと言わないで、頑張りなさいよ」

とハッパをかけたりしてはいけない。それでは相手の心がますます落ち込み、悩みは解消しないと承知して、聞くことに徹するのが何よりなのである。

自分の話を聞いて、相手が受け止めてくれたとき、人は自らの姿に気づき、態度が変わるのだ。

過労で倒れて入院した同僚の男性を見舞ったある女性は、終始笑顔で話を聞き、一言、

「ねえ、もしかしたら、神様がくれた休暇かもね」

と言い残して帰った。

「神様がくれた休暇か……」

ベッドの上で、彼はつぶやいた。

長い人生の中で、「落ち込み」は、一つの休暇、あるいは休息なのかもしれない。

言葉というものは、何気ない一言で相手を傷つけてしまうことも、逆に感動を与えることもできる。

それほど**「言葉には力がある」**のだ。

できることなら、どんなときでも、どんな場面でも、さりげなく〝大人の気づかい〟ができる言葉を選びたい。

相手と心が通じるコミュニケーションは、あなたの毎日を、そして人生を、もっと豊かで楽しいものにしてくれる。

（了）

本書は、小社より刊行した『心を引きつける気のきいた「話し方」75』を、加筆・再編集のうえ、改題したものです。

"大人《おとな》の気《き》づかい"ができる人《ひと》の話《はな》し方《かた》

著　者――福田　健（ふくだ・たけし）

発行者――押鐘太陽

発行所――株式会社三笠書房

〒102-0072 東京都千代田区飯田橋3-3-1
電話：(03)5226-5734（営業部）
：(03)5226-5731（編集部）
http://www.mikasashobo.co.jp

印　刷――誠宏印刷

製　本――若林製本工場

ISBN978-4-8379-2602-3 C0030